公文高手的自我修养

gongwen gaoshou de ziwo xiuyang

大手笔是怎样炼成的

胡森林　马振凯◎著

北方文艺出版社

图书在版编目（CIP）数据

公文高手的自我修养：大手笔是怎样炼成的 / 胡森林，马振凯著 . -- 哈尔滨 : 北方文艺出版社 , 2017.1

ISBN 978-7-5317-3723-0

Ⅰ . ①公… Ⅱ . ①胡… ②马… Ⅲ . ①公文 – 写作 Ⅳ . ①C931.46

中国版本图书馆 CIP 数据核字（2016）第 259896 号

公文高手的自我修养：大手笔是怎样炼成的
Gongwen Gaoshou de Ziwo Xiuyang: Da Shoubi Shi Zenyang Lianchengde

作 者 / 胡森林　马振凯

责任编辑 / 王金秋　赵　芳

出版发行 / 北方文艺出版社　　网 址 / www.bfwy.com
邮 编 / 150080　　经 销 / 新华书店
地 址 / 黑龙江现代文化艺术产业园 D 栋 526 室

印 刷 / 北京高岭印刷有限公司　　开 本 / 787 × 1092　1/16
字 数 / 210 千　　印 张 / 15.25
版 次 / 2017 年 1 月第 1 版　　印 次 / 2017 年 1 月第 1 次印刷

书 号 / ISBN 978-7-5317-3723-0　　定 价 / 46.00 元

Ⅳ 进阶攻略："四步成文法"

引　言

一

网络上曾经广为流传这样一篇文章——《语言和文字能力决定一个人的发展和未来》，作者濮实是一位在剑桥大学访学的学者，他通过与身边顶尖学者们的交往以及日常观察，并结合自身的经历和思考，得出“使用语言的能力决定人的发展潜力”这个结论。文章举了一个例子，一位作者非常尊敬的作家、写作教授，就是一个运用巧妙语言的典范，他去植物园散步，能边走边告诉大家每种植物叫什么名字、有什么特征、如何辨别。他在说话和文字表达中很注重准确性，遇到新的词汇和信息，常常在小本上记下来，在蛋糕店见到新出的蛋糕叫不上名字，也一定要问清楚店员怎么拼写。作者写的一段文字，本来以为已经说得很清楚了，结果还是被他找出了一堆歧义。作者感慨地说，这位作家对语言的日常积累和准确使用语言的意识，真让人佩服。

这篇文章引起了很多人共鸣，但也有一些人不以为然，觉得作者过分夸大了语言文字能力的作用，而这种能力对自己来说没那么重要。其实仔细想想，作为生活在当今时代的一个社会人，每个人都离不开与人交往，要把自己的想法、需求、感受、情绪等信息传递给别人，也肯定离不开以语言文字为载体的口头或者书面的表达形式。人是思维动物，思维是靠语言传递的，所以说语言是思维的外显形态，是人思考问题和解决问题的重要工具。甚至可以毫不夸张地说，语言文字即是人的思想，是生活本身。正是在这个意义上，哲学家维特根斯坦曾经说："我的语言的边界就是我世界的外延。"

从历史的角度看，人对于历史的看法往往取决于历史是如何叙述的，而叙述即是语言表达和文字记述。那些影响过人类社会历史发展的人，包括政治家、科学家和思想家等等，几乎无一例外都是通过语言文字把自己的想法传达给他人。可以说，语言文字的作用不可低估，它关系到人类文明的传承和知识积累，也关系到个人的影响力和领导力。所以中国古人说，"鼓天下之动者，存乎辞""言之无文，行而不远"。

从教育的角度看，人的教育最根本的是读写能力，因为在现代社会几乎所有的知识都存在于语言文字之中，即便是口头传授的经验，其内容本身也会受到语言表达的影响。

从工作和职场发展的角度看，有调查表明：一个人事业的发展、收入的多少与人的词汇量有很大关系。有人常常抱怨自己的付出没有得到相应的回报，或者自己的能力没有得到相应的认可，发生这种事情的原因有很多，但语言使用能力的缺失往往是其中之一。试想，一个下属向领导汇报工作，抓不住重点，说不清原委，让领导如何决策拍板？如果一个报告写得思路混乱、错漏连篇，又怎么可能得到领导的信任，进而得到事业的发展？

从日常生活和交往的角度看，人们在日常生活的方方面面都使用到了语言，一个会使用语言的人，一个能够准确掌握大量词汇的人，就有能力说出别人说不出来的话。这样的能力，会让人在日常生活和工作中，在人与人的交流中，掌握很多的主动权。

语言文字表达其实是一种综合能力，运用语言文字的能力只是基本功，背后需要更深厚的支撑。一个语言文字表达能力强的人，一定有很强的思想力，具体来说，就是要有很好的分析能力、判断能力、逻辑思维能力等等，有了这些能力基础，才能使语言具有感染力和穿透力，做到说事清晰、说理透彻，让人易于接受、易于理解。不然的话，只能是干瘪乏味、思路不清，或者虽然外表华丽，却内在空洞，徒有其表而已。

二

语言文字能力的体现一是口头表达，二是书面写作，二者有很多相通之处，也能互相转化，但也有很大的不同。本书探讨的是书面写作，对于读者来说，阅读优美流畅、思想深刻的文字是一种美的享受，而对于写作者来说，进行文字运思和表达的过程，其实就是不断整理思路、拓展思路的过程。通过写作，把零星的感悟、片段的思考整合升华成为具有整体性和连贯性的文字，其实就是一个不断打磨思想的过程，在坚持不懈地努力下，人的思考能力会在无形中得到提高。与口头表达的快捷和即时反馈不同，文字更需要沉淀，在写作过程中可以反复回顾和检视，所以更有助于人深度思考。而且，写作大多数时候是有目标读者的，带着“读者意识”写作，也有助于写作者提高对人的认知。

除了专职的作家、记者、文字工作者等人员之外，大多数人并不直接以文字工作为生，但写作几乎是每一个人或多或少都会用到的一项技能。写作能力与我们的人生事业发展往往有着很大的关系，是一项重要的个人软实力，是在现代社会立足所必需的一项能力。但这种能力的培养需要长时间积累，不是一朝一夕就能见效的。

《纽约时报》中文版曾经刊载过一篇叫《人文学科不该成为冷门》的文章，文章的作者克林肯博格曾在美国许多知名大学教授非虚构写作，他在文中提到：“在每个学期我都充满希望又十分恐惧，如果我的学生已经掌握了写作，我将没什么可教授给他们，而每个学期我都一再发现，他们还是不会写作。他们能够组合起一串串术语，堆砌起大段大段腹语般的句子结构。他们能够围绕碰巧得到的主题和意识形态概念四散转移，而仅仅这么做就能得到好成绩。但说到清晰、简洁地写作，毫无障碍地阐明自己的想法和情绪，描述身边的世界——做不到。”能够准确地表达自己并让别人明白你的意思，这件看来简单的事却不是随便就能做到的。难怪克林肯博格在文章结尾时说：“写作，没有人找得到一种为这种能力定价的方法……但每一个拥有它的人——不论如何，何时获得——都知道，这是一种稀有而珍贵的财富。”

美国哈佛大学有六条教育理念和培养目标，其中第一条就是培养人清晰、有效的思考和写作能力。如前面所说，写作能力并不仅仅体现一个人的文字水平，更是一个人的理论素养、思想深度、创新能力、认识水平、逻辑思维、知识储量、文字功底等全方位综合素质的集中反映。比如，三个人同时去同一地方进行调查研究，听到的看到的都一样，撰写的三份调查报告却不完全一样，质量有高有低，原因就在于三个人的综合素质有差距。可见，写作能力的提高是一个人整体素质的提高，是一个人未来发展能力和发展潜力的提高，因此，人人都应该重视对自身写作能力的培养。

在当今的网络时代，写作的门槛更低了，人人都可以在网上写作，通过自媒体发表，甚至通过复制粘贴可以批量生产大量文字产品。但越是在这样信息泛滥的时代，真正高质量有价值的内容才越能凸显其稀缺性；越是在这样人人都是写手，甚至一切产品都可以自身说话的时代，因渠道稀缺性而附生的传播价值日益衰减，内容本身的传播价值则更加彰显。所以，写作能力的提高，相比以往，不是不重要，而是更重要了。

三

写作是一个范围很广的领域，包括文学创作、新闻报道、广告文案、法律文书、应用文写作等各种门类，虽然都需要文字功底和思维能力作为基础，但在形式规范和内容要求上各有不同。

本书研究的是公文写作，公文是运用广泛的一种应用文文体，经历了数千年的发展和流变，从古至今，从国内到国际，从党政机关到企业和社会，公文都是不可或缺的一种文体。公文写作能力也是职场人士的一项重要能力。

中国是一个文章大国，自古以来就有“以文辅政”“以文治国”的传统，公文在国家政治运行和社会运转中发挥着无可替代的重要作用，诏敕、奏章等其实都是公文。正是由于公文的重要地位，公文作者才在中国政治和历史舞台上始终扮演着主角，历代的贤相名臣、文人墨客，因一手锦绣文章登上舞台中心，甚至流芳百世的比比皆是。很多我们耳熟能详的经典文章，如《谏逐客书》《治安策》《出师表》等都是公文中的“佼佼者”。

在革命年代，党的第一代领导集体十分重视公文写作，许多重要公文都是党的主要领导人亲自起草的，如《中国社会各阶级的分析》《湖南农民运动考察报告》《星星之火，可以燎原》《实践论》《矛盾论》《论持久战》等等。这些文章在传播党的方针政策、唤醒民众、瓦解敌人等方面起到了重要作用。

在当前的党政机关、国有企事业单位，公文依然是传达贯彻党的路线方针政策、发布规章制度、部署工作措施、报告交流情况的重要工具，发挥着规范行为、落实政策、部署工作、宣传教育、上传下达、联系左右、互通情报的重要作用。对于从事机关工作的人而言，公文写作是一项基本功。你办事能力再强，办会水平再高，办文速度再快，但如果笔头不行，无法正确地表达出自己的想法，不能使个人的智慧变成集体的智慧，最后你只能帮别人跑跑龙套、打打下手。所以，提升公文写作能力不仅是工作的需要，也是自身发展的需要。

我们党历来重视对领导干部公文写作能力的要求，把培养“笔杆子”作为选拔干部的重要途径。邓小平同志曾经指出：“拿笔杆是实行领导的主要方法，领导同志要学会拿笔杆。”能够在党政机关、国有企事业单位从事公文写作，本身就是对一个人综合素质和发展潜力的肯定。很多在公文写作岗位上历练多年的同志，由于综合素质能力得到了锻炼和培养，从而走上了更重要的领导岗位。正如唐浩明先生在《点评曾国藩奏折》一书中评价：“一个人能把公文写好，写出水平，就具备了相应的分析能力、判断能力，也就有了一定的管理能力和办事能力。”

四

从事公文写作的人成千上万，但能把公文真正写好并不是一件容易的事。分析起来原因有很多。有些人是畏难，虽然干着这项工作，但始终不自信，觉得干不好，没有真正沉下心来琢磨和钻研，这山望着那山高，心浮气躁，自然在业务上不会有持续提高；有些人虽然想把工作干好，想在业务上不断提升，但由于眼界所限，得不到及时的指点，掌握不了正确的方法，虽然下了很大力气，却始终原地踏步；还有些人凭着一点灵气，一开始还能应付裕如，但随着工作要求提高，自己却没有及时学习总结，补充养料，于是出现江郎才尽、才思枯竭的情况，最终半途而废；还有人一开始就基础不牢，马步不稳，又缺乏足够的训练，用心不够，每次任务临头都东拼西凑，把公文写成面目可憎的“八股”，在工作中始终无法独当一面。

每一个从事公文写作的人，不管是主动还是被动，一旦到了这个岗位，肯定都希望自己能在工作中不断成长，业务不断精进，进而希望自己不但公文写作能力持续提升，各方面的能力和素质也能水涨船高，拥有更好的发展和更强的职场竞争力。但事实上，公文写作虽然看似门槛不高，人人都能做，但真要做好它，需要一定的写作能力为基础，需要掌握正确的方法和规律，需要在工作中用心思考和琢磨，需要探索适合自己的业务提升路径。只有这样不断努力，持续用功，才有望从初学者一步一步成为大手笔。

从菜鸟、小白，到大拿、大手笔，是一个由浅入深、循序渐进的过程。就像武林当中一个初出茅庐的青年，在不断摔打中，可能鼻青脸肿，甚至满身伤痕，但只要坚定信念，咬定目标，勤于学习，不怕苦不怕累，扎实练功，武艺自然会精进和提高，甚至一飞冲天，成为绝顶高手。

每个武林高手练功的过程，都是一个值得诉说的故事。每个公文高手的成长之路，也同样有着不凡的经历。这中间，需要时间的淘洗，经验的积累，还有心志的历练。每个人成长的道路不尽相同，但其中必有一定的规律可循。我就试图从自身经历和体会出发，勾勒出公文写作的进阶道路，描绘出公文写作高手的成长路途。

本书命名为《公文高手的自我修养：大手笔是怎样炼成的》，书中六章分别是入门心法、初窥门径、登堂入室、进阶攻略、终极要诀和高手无招。套用武学术语，反映的是一个公文高手的提高过程，对应的是公文写作者业务修炼的不同阶段，读者可以对号入座，看看自己处于什么阶段，同时可以看到自己的下一步目标，从而知道努力的方向。

市面上关于公文写作的书不少，从格式要求，到写作心得，从范文赏析，到实例剖析都有，我为什么还要来凑这个热闹呢？说起来主要源于工作中的切身感悟。我在文字岗位上工作多年，操持各类公文已有时日，这些年经手的大大小小的公文也不少，工作中既有种种困惑，也有一些心得，各种酸甜苦辣都尝过，虽不敢说已成为“武林高手”，但确实在摸爬滚打中积累了一些自己的经验和方法。在日常的交流和工作指导中，经常有人说，何不把你这些年的经验体会总结成文呢？想了想也是，将之整理编著成书，对自己是一次系统的总结和梳理，也能借此与同道者分享，共同学习精进。

本书是在几次系统总结后的讲稿基础上扩充整理而成，其观点和理论体系是从自身体验中提炼得来。书中引用了大量实际案例，完全是为了陈述观点和启发读者的需要。其中大部分案例出自第一作者的亲身经历，少量来自第二作者，但为了表述的方便和意思的连贯，统一用第一人称“我”指代，不做具体区分。由于公文写作所具有的集体性特点，书中列举的很多公文虽由作者牵头完成，但也融入了其他很多人的智慧和劳动，主观上虽不敢贪功，但客观上有掠美之嫌，在此特作说明并致谢忱。

希望每一个拿起这本书的读者都能有所收获。普通读者能从中认识到语言文字能力的重要性，得到一鳞半爪。公文写作人员能从中得到一些启发，拾阶而上，循序渐进，一步一步成为大手笔。如果读者觉得其在内容、形式、方法等方面有一些创新和可取之处，吾愿足矣。

就让我们踏上这充满艰辛又不乏乐趣的文字工作旅程吧。

I

第一章

入门心法

价值观是第一位

当一个初学者，满怀忐忑地推开公文写作这扇门时，一定想知道，如何才能更好更快地掌握这门手艺，找到快速成长的秘诀。

说起来，公文写作的门槛并不高，但凡有一定文化程度、能认字书写的人，都可以从事这项工作。而只要入了门，也不难找到各种可以学习的范本，以及各种写作指南、指导手册之类，就如一个懵懂的武坛新手，放眼望去，可以看到各种武学招式，甚至秘籍。在这么多的门派中，怎么择善而从，最终修成正果呢？

公文写作易学难精，同样入了这个门，几年过去，有的人乏善可陈，没写出什么出彩的东西，手上依然拿不起“大活”，也有部分人变得出类拔萃，不但工作能很好胜任，而且成为所在单位、所在行业公认的大手笔，有的还在工作中总结出自己的方法和独门绝技，不但可以应用于自己的工作，还能用来指导和帮助别人。不一样的结果，不一样的境界，其原因是多方面的，和先天悟性、学养基础、努力程度、方法技巧都不无关系，但这些都是充分条件，有一样则是必要条件：具有正确的价值观。如果没有做到这一条，其他方面再好，也无济于事。

要在这条路上有所作为，做出一点成绩，首先不在于你的文笔有多好，技法多么纯熟，而是看你是否有正确的价值观。这就是本书提醒初学者最需要谨记的“入门心法”：价值观是第一位的。

即便不是公文新手，而是一个混迹文字工作多年的人，有时候也需要想一想：公文写作中，最重要的是什么呢。正如有句话说的：“不要走得太远，而忘了为什么出发。”

以道驭术

中国人最喜欢讲道，道是一个很抽象的概念，老子说：“道可道，非常道。”孔子说：“君子谋道不谋食，君子忧道不忧贫。”《周易》上也写道："形而上者谓之道，形而下者谓之器。"从这些话里可以发现，道是一种看不见摸不着的东西，比较玄奥，难以把握，但又很重要。道往往和术、器等相对而言，说明这是一种超越了具体器物和方法层面的抽象原理，或者可以理解成事物的本质性特征，事物背后的基本原则等。大音希声，大象无形，你看不见它的存在，但它却在深层次支撑着你、影响着你。

《孙子兵法》中写道："兵者，国之大事，死生之地，存亡之道，不可不察也。故经之以五事，校之以计，而索其情：一曰道，二曰天，三曰地，四曰将，五曰法。"可见，道是第一位的，技法是被排在最后面的。而现代人虽然也学习《孙子兵法》，但多是注重其计谋和策略的论述，而其根本的、最重要的道的思想却常常被忽视，可以说是舍本逐末了。

在公文写作中，也存在着这样的"道"，在我看来，这就是公文写作应该秉持的价值观。要写好公文材料，要成为文章大家，方法和技巧绝不是第一位的，摆正价值观才是第一位的。价值观层面的建设到位了，在公文写作的道路上才能行得稳、走得正，才能有足够的支撑和底气，不会一开始就陷入一味寻求方法技巧的歧途当中，或者陷入不断怀疑职业价值的焦虑当中。

所以说，价值观是"道"，各种各样的方法和技巧都是"术"，始终做到"以道驭术"，才是写好公文材料的第一法宝。

在我看来，为文有三层次，首先是情怀，其次是见识，再次是文字。情怀处于第一层次，指的就是价值观，是思想底牌；见识指的是视野，是经验，是逻辑，是思维方式；文字指的是笔法，是语感，是格调。如果一开始就本末倒置了，就很难有真正的建树。

中国自古就有"文以载道"的认识。唐宋八大家之一的韩愈提出"文以贯道"，宋代理学家周敦颐将其发展为"文所以载道"，意思是说"文"像车，"道"像车上载的货物，货物通过车的运载，可以到达目的地。所以，如果不能承载"道"，"车"就是在"空驶"，不会对社会、对他人产生实际价值，徒耗人力物力罢了。

文章之道，或者说价值观是从哪来的呢？它不是文章中自然生长出来的，也不是作者之外的人附上去的，而只能来自于写作者本身，是写作者所秉承的价值观、思想品格和精神信念的体现。一个人有正确的价值观，有高尚的精神力量，撰写的文稿也一定具有气质、品格和感人之处。而一个品格低下的人或许偶尔也能写出让人拍案叫绝的文章，但不会持久，总有一天他会抖搂出自己的价值底牌。所以，中国自古以来就有“文如其人”的说法，苏轼在《答张文潜书》中就说：“其为人深不愿人知之，其文如其为人。”这样的例子可谓不胜枚举。

鲁迅先生指出：“我以为根本问题是在作者可是一个‘革命人’，倘是的，则无论写的是什么事件，用的是什么材料，即都是‘革命文学’。从喷泉里出来的都是水，从血管里流出的都是血。”这就是说，作者的理想、情操和审美眼光，对文章的品格和价值是起决定作用的。

遵道而行，会心不远

南岳衡山半山亭有一副著名的对联，是国学大师羊春秋先生所撰：“遵道而行但到半途须努力；会心不远欲登绝顶莫辞劳。”

这副对联的绝妙之处在于，它借半山亭所处位置而发，以现实之道路譬喻人生应遵循的道理，进而启发人，会心即领悟于心，做到知行合一，努力精进，方能攀登到人生顶峰。此联可谓平中见奇，暗含警策，寓意深远。其实不管登山还是为文，事业发展还是人生跋涉，道理都是一样的，要想欣赏到绝顶风光，都离不开遵道、会心和持续努力。

公文写作如何遵道而行？说起来显得有点虚的“道”到底如何把握呢？对于初学者来说，把抽象的价值观具体化了，才更便于把握和遵循。我认为，一个有追求、有抱负的公文写作者，至少应该做到“三有”和“三无”。

要有一片公心。新华社老社长郭超人曾经有几句名言：“笔下有财产万千，笔下有人命关天，笔下有是非曲直，笔下有毁誉忠奸。”他说的是记者应该时刻牢记自己的责任和使命，其实对于公文作者同样如此。公文姓公，体现的是公众的诉求，离不开公正的立场，需要作者有一颗公正的心。所以，在公文起草中最重要的就是胸怀全局、一心为公，最突出的表现是忠诚和责任：忠诚于国家和人民，忠诚于事业，忠诚于所在的单位，忠诚于职责。只有这样，才能站在公正的立场看问题，站在工作全局看问题，才能虚心接纳他人的正确意见，使公文体现更多人的诉求而不只是自己的主张，才能把工作当成一种追求，通过文字为广大的人民群众服务。这是基本的职业素养，也是一个人人格的体现。

要有一股正气。公文姓公决定了公文要正，体现正直和正义。孟子说：“我善养吾浩然之气。”只有一身正气的作者才能写出充满正气的文章。文天祥的“人生自古谁无死，留取丹心照汗青”，张载的“为天地立心，为生民立命，为往圣继绝学，为万世开太平”，郑板桥的“千磨万击还坚劲，任尔东西南北风”。这些文章诗句之所以流传千古，无不因为作者的一身浩然之气。毛泽东同志倡导的“全心全意为人民服务”“毫不利己，专门利人”“革命第一、工作第一、他人第一”是正气；邓小平同志倡导的“有理想、有道德、有文化、有纪律”“大公无私、服从大局、艰苦奋斗、廉洁奉公”是正气；习近平同志提出的“严以修身、严以用权、严以律己；谋事要实、创业要实、做人要实”是正气。在公文起草中，文字工作者只有按照这些标准要求自己，涵养一股正气，坚持真理，坚持实事求是的工作作风，才能在文字工作中有所建树。

要有一腔热情。公文不应该全是冷冰冰的、给人距离感的，而是可以充满感情的。梁启超先生谈到写作时说“笔底常带感情”，所以他的文章很有感染力。一篇文章，首先要打动作者自己，才可能打动别人，如果连自己看都觉得乏味，在心里激不起一丝波澜，可以想见，别人读了会有什么感受。毛泽东同志在《星星之火，可以燎原》中写道：“中国革命高潮快要到来……它是站在地平线上遥望海中已经看得桅杆尖头了的一只航船，它是立于高山之巅远看东方光芒四射喷薄欲出的一轮朝日，它是躁动于母腹中的快要成熟了的一个婴儿。”这段描写充分展现出一代伟人对中国革命极其深厚的感情，令每一个读者无比憧憬又无比动容。公文的感情是公文作者亲手传递出来的，只有对公文工作具有一腔热情的人，才能写出充满感情的作品。

无邪，不被歪风邪气所染。公文作者并不是生活在净土和真空当中，同样也会面临各种诱惑，面临各种不良风气的侵袭。在文稿中坚持什么样的价值导向，树立和崇尚什么样的风气，传递的不仅仅是一份公文的风格，更是整个机关、整个单位的工作作风，背后是起草者本人的风骨和品格。因此，面对种种不良的社会风气，公文作者不能随波逐流，而要比其他岗位的同志更具抵抗能力，更加自觉地抵制歪风邪气的侵害。不仅如此，公文作者不能满足于独善其身，还要坚决抵制邪气，带头弘扬正气，通过公文传递正确的价值观，倡导有益的社会风向，营造风清气正的工作作风。

无私，不为一己私利所蔽。公文作者要始终牢记“计利当计天下利，求名应求万世名”的思想，端正态度，杜绝名利。公文起草当中有时会遇到这样的情况，每到起草工作总结时，讲成绩总是添油加醋地把自己的工作放进去，讲问题总是想方设法把自己的失误摘出来。这种小伎俩直接损害了公文的真实性和客观性，严重影响公文的质量，是典型的假公济私和以权谋私的行为，是公文作者必须坚决杜绝的。无私还体现在，要把公文作品作为职务作品而不是个人作品，杜绝那种一心想在公文中夹带“私货”的行为，不要总想着把自认为得意的提法、说法加进去，或过于追求个人色彩，从而获得虚幻的成就感，而要实事求是，以最适合的方式来表达公文内容。

无偏，不因个人好恶所偏。古代讲“中庸”，就是不偏不倚，允执厥中。按现代的意思讲，就是要做到公平，做到无偏袒、无偏向。不能因为笔握在公文起草者手中，起草者就任由个人的喜好随意写。熟悉这个领域的工作，就强调这项工作的重要性，就多写这项工作方面的情况；对另一个领域的工作了解不多，就少写那项工作方面的情况，甚至一笔带过了事。或者某某单位留下的印象比较好，就多写这家单位的成绩；某某单位的做法不大看得惯，就多写这家单位存在的问题。这种脱离了事物的客观实际，而以个人情感好恶为判断依据的做法显然是不公平的，这样写出来的公文其可信度又有多少呢？因此，无偏是每一个公文起草者时刻都不能忘记的要求。

比如，2015年我们在为公司起草领导干部会议报告时，主要领导提出公司要坚持人文化管理。根据我们对领导意图的理解，结合工作中了解的情况和员工的心声，我们在报告中对这一问题作了如下阐述：

公司要着力营造积极向上、互相尊重、宽松和谐的文化氛围，切实提高员工的成就感、价值感、归属感和满意度，让员工与企业共同成长。

一是营造机会平等、规则公平的制度机制。平等是公司企业文化的重要特征，公平是公司重要的价值追求，只有营造公平公正的体制环境，才能从根本上保护和激发广大员工的积极性，真正营造健康和谐的文化氛围。不管外界环境如何变化，我们要始终坚守公司的文化传统之根，传承宝贵的精神财富，适应环境却不被环境所同化。公司在出台各项政策措施时，要合理合法、公道平等，充分体现机会平等、规则公平和程序正义。制度设计应严格遵守程序，切合公司实际，尤其是事关员工切身利益的制度规定，出台前应尽可能征求广大员工意见，对关键条款慎重斟酌，力争取得干部员工意见的“最大公约数”。执行制度时要突出刚性和严肃性，做到一视同仁，防止“选择性执行”。要参照公务员“逢进必考”要求，严格制定员工录用的客观标准，严格规范各级干部选拔任用公示制度，坚决摒弃“潜规则”等不良陋习，避免劣币驱逐良币的“逆淘汰”现象，绝不让老实人吃亏，绝不让投机钻营者得利。

二是营造尊重人才、重用人才的浓厚氛围。公司发展需要各个领域的人才付出智慧，需要十余万员工共同努力，我们要尊重每一个人的价值，让每位员工在岗位上努力工作时都能获得成就感和价值感。要破除门户之见，打破隐性藩篱，广纳天下英才为公司所用。要公道对待人才，公平评价人才，公正使用人才，在人才任用上不问光环、不问出身，只问德才、只问实绩，坚持“一碗水端平”，能者上、庸者下。要打破“官本位”文化，营造尊重知识、尊重人才、尊重创造、尊重劳动的浓厚氛围，让为公司创造价值的人得到更多的尊重，让能解决实际问题的人得到更多的尊重，让为公司默默奉献的人得到更多的尊重。

三是营造积极向上、奋发有为的成才环境。要继续坚持“以人为本、关爱员工”的价值理念，特别是目前青年员工已成为公司用工主体的情况下，我们在享受这一发展红利的同时，要高度关注青年员工这一群体的成长问题。公司不能承诺给年轻人提供“终身就业的饭碗”，但应该努力为员工提供“终身就业的能力”。要认真做好员工的职业生涯规划，确保所有年轻人进入公司后均享有学习、锻炼、成才的机会。对待青年员工既要关心爱护又要从严要求，鼓励他们立足岗位成才，通过自身努力获得成长空间。要加强员工的思想管理与心理疏导，更加关注一线和海外等艰苦地区员工的思想和心理健康问题。要多为员工特别是一线员工、青年员工办实事、办好事，为他们排忧解难。探索建立员工扶助基金，在员工遇到困难时能及时伸出援手。

四是营造风清气正、开放包容的文化环境。要积极营造干事创业的良好氛围，工作中提倡光明正大、公道正派，鼓励做老实人、说老实话，对待同志襟怀坦荡、诚实守信。要缩小权力距离，进一步“去行政化”，干部员工不分职位高低，都有权利、有责任积极思考公司发展问题，为公司发展献计献策，追求团结和谐但不是“一团和气”，鼓励内部讨论争鸣，让干部员工有真话敢讲、有心里话愿意讲、有不同意见可以讲。旗帜鲜明地反对拉帮结派、耍手腕、搞权谋等不良风气，坚决摒弃妒贤嫉能、挟私报复等行为，让所有员工能专心致志、心无旁骛地干事创业，充分发挥员工的聪明才智。

报告出来后，这些内容得到了干部员工广泛认同，原因就在于体现了正确的价值导向，切中了时弊，弘扬了正气，说到了广大员工的心里。

“观世音菩萨”

国学大师刘文典教学生写文章时，只说了“观世音菩萨”五个字，诸生不明所指，他解释说：“观”是要多多观察生活，“世”是要明白世故人情，“音”是要讲究音韵，“菩萨”则是要有救苦救难、关爱众生的菩萨心肠。刘文典先生主要指文学创作而言，但对公文写作同样有指导意义。

察事为先。“观”是观察了解、分析掌握，是公文写作最重要的基础，但凡公文写作，都是围绕“事”来进行的，而怎样围绕呢？则离不开“是什么、为什么、怎么做”这“三板斧”，如工作报告的主题内容、目的意义、具体措施，调研报告的存在问题、形成原因、解决办法等等。不论何种公文，只要搞清楚了这三个问题，下起笔来只不过是按照不同文种的格式要求将其成型而已。公文写作的重要能力就是指洞察和分析，通过细致观察，从日常工作中攫取和提炼素材，并进行综合分析、思考辨析，从感性上升到理性，就能为写作打下很好的基础。练好“察事”内功，就算笔力稍有不逮，所写公文也会务实有用。

通达世事。“世”即世上的常情常理，是公文写作中应该注意把握的。俗话说：“世事洞明皆学问，人情练达即文章。”公文要引起读者的共鸣，一定要符合社会普遍认同的经验、道理、情感等，符合常规，得体妥当。我们评价一个人说“会做人”，并不是说这个人多世故、多圆滑，而是说这个人情商高，会接人待物，懂得礼仪，与人相处让人愉悦。公文同样也有“情商”，就是话语和口吻、表达的内容要符合公文使用者的身份，要考虑对象的接受和需求。如果做不到这点，可能就会显得高高在上，让人难以接近。

音韵铿锵。“音”指文章富有抑扬顿挫、鲜明和谐的节奏和音韵铿锵、顺口悦耳的韵律，充满美感。要做到这点，需要一些语感，也需要在实践中不断琢磨，掌握一些方法诀窍。比如多用短句，少用形容词，节奏紧凑，杜绝赘词，适当对仗等。好的形式和内容相辅相成，能为文章增色不少，这方面的例子很多，比如李斯的《谏逐客书》、梁启超的《少年中国说》、林肯的《葛底斯堡演说》等文章，都是内容深刻且充满音韵美感之作。但要注意的是，形式只是内容的辅助，缺乏内容坚实支撑，而一味追求华辞丽藻，文章也是立不起来的。比如历史上曾有大量堆砌辞藻的赋和骈文，虽然词句铺张、形式完美，但内容空洞无物，美则美矣，却缺少了灵魂。

菩萨心肠。“菩萨”指的是要有一颗善良悲悯之心。因为公文是公务作品，影响的是大多数人，所以一项政策出台、一篇讲话发布、一则文件下发，都应该从以人为本出发，考虑普通大众的感受，尽可能顾及群众的利益。这既是“为人民服务”的直接体现，也是人格修炼和人性涵养的重要组成部分，更是职业品格的重要内容。如果忘记了这点，一拿起笔就不记得自己是谁，高高在上，抛弃了对人民群众的关注，漠视民众利益，甚至颠倒是非，那就偏离了做这项工作的本心。当然，“菩萨心肠”有时也会显露“雷霆手段”，二者并不完全矛盾，但善良和悲悯始终是应该坚持的底色。尊重人的价值，维护人民群众的利益，要处理好当前利益与长远利益、少数人利益与大多数人福祉的关系，从内心深处把平等、自由、公平、正义等作为基本的价值追求。具备了这样的情怀和态度，文字才会有“根”，才能直指人心，与受众心心相印，流传久远，甚至不朽。

如果说“观世音菩萨”是为文的标尺和追求，那么如何才能做到呢？

要有盎然的兴致。“三百六十行，行行出状元。”既然选择了公文写作这一行，就要念念不忘，悬于心间，用心去寻找这份工作的乐趣，努力热爱这份工作。不能只是把公文写作当作一种迫不得已的谋生手段，甚至当作一种工作负担，而要善于把自己变成工作的主人，从平淡中发现精彩，从沉闷中找到乐趣，培养起对文字工作的兴趣和感情。热情是做好任何事情的前提，热情是最好的导师。假如有人对一项工作有热情，不需要别人催促，他就会积极主动地去做，心情愉快地去做，全身心投入地去做。假如有人对一项工作没有任何兴趣，他就会感到极不情愿，做起来浑身不自在，想方设法偷懒不干，当然就很被动，工作很难干好。做文字工作也是同样的道理，对起草文稿没有热情，感到文字工作苦、文字工作累、文字工作是受罪，拿起笔来就头疼，就不可能在文字工作这条道路上有所发展。要想写好公文，一定要喜欢这项工作，培养自己对公文写作的兴趣，激发自己对文字工作的热情。

要有专一的定力。专一是人的一种基本修养，也是一种职业道德。既然干了公文写作这项工作，就要一头扎进去，一心只把工作干好，“不求百篇传天下，但愿几句入人心”。什么是专家？如果一个人专注于某个领域十年，他就有望成为专家。面对一时的失落，更要发扬“千磨万击还坚劲，任尔东西南北风”的品质，尊重职业，坚守事业，不断增强专业定力。

要有精通的韧劲。人的最高追求就是自我价值的实现，既然在文字工作岗位上，就要成就文字工作事业，不断超越自我，以锐意进取的精神尽快精通这一行业，时刻保持积极进取的工作热忱，主动加强写作技能学习，提升理论修养，拓宽眼界视野，强化知识积累，全面提升自身公文写作能力，成为大手笔。

金蔷薇的故事

在许多人眼里，公文起草是一件非常风光的差事。起草者也常常被称之为“秀才”“笔杆子”，被人们高看一眼。可是说实话，公文起草又是公认的苦差事，人称“四水干部”：喝墨水、费脑水、流汗水、尿黄水（上火）。这些话虽有调侃之嫌，却也有几分形象逼真。文字工作者自嘲：“不管人，不管事，只管三千常用字。”一位从事文字工作多年的资深专家曾经总结“笔杆子”们有“五大苦衷”：写不完的奉命文章、做不完的嫁衣裳、伺候不完的大小“皇上”、加不完的夜班、受不完的“批评”。这些说的都是大实话，凡是文字工作者大都有这种体验。

正是因为做文字工作苦和累，文字工作者更需要正确价值观的指引，需要一定的思想境界和高尚的人格追求，从而在艰苦的岗位上体会到自身的价值。

要有奉献精神。文字工作没有权，没有利，也没有名，得靠奉献精神。缺少了甘于吃苦的奉献精神，就不可能在文字工作岗位上有所坚持、有所成就，初学者就会浅尝辄止、不求上进，上进者就会止步不前、安于现状，甚至连“大手笔”们也会心灰意冷、有力不出。因此，要正确看待苦与乐、得与失，开阔胸襟，涵养情怀，锤炼品格，做到虔诚而坚决、至信而深厚，自然能在苦中作乐，失中有得。奉献了业务时间，获得了增长知识、增长才干的机会；奉献了舒适安逸，获得了进步的压力和动力；奉献了“脑细胞”，获得了思维水平的提高；奉献了汗水，获得了工作的进步、领导和同事的认可与信任。印度诗人泰戈尔曾说过一句话：“花朵的事业是美丽的，果实的事业是尊贵的，但我愿做一片绿叶，绿叶是默默地、专心地垂着绿荫的。”文字工作者就要有这种绿叶精神，为了盛开的鲜花，为了累累的硕果，孜孜不倦地奉献着自己的阴凉。

要有服务意识。文字工作者由于所处的岗位特殊、所从事的工作意义重大，加上接近领导和接触机密的机会也多，往往会滋生飘飘然的感觉，这是万万要不得的。文字工作者要时刻清醒地认识到，公文是为工作服务的、是为领导服务的、是为基层服务的，自己所从事的工作实际上是服务性质的工作，公文工作离开“服务”二字，就变得毫无意义。树立工作中的服务意识，有利于文字工作者客观看待事物，形成实事求是的文风；有利于充分领会领导的思路和意图，提高文字材料的针对性；有利于建立“靶向思维”，引起受众共鸣，使材料更接地气，更便于落实。

要有质量观念。文字工作者要把“以文辅政”作为工作使命，就必然要求文字材料要有较高的质量，粗制滥造的“残次文章”当然发挥不了“辅政”作用。现在社会上提倡工匠精神，这种精神的实质就是坚定、踏实、专注和精益求精的精神。瑞士制表商就是突出的代表，他们对每一个零件、每一道工序、每一块手表都精心打磨、专心雕琢，他们用心制造产品的态度就是工匠精神的思维和理念。在工匠们的眼里，只有对质量的精益求精、对制造的一丝不苟、对完美的孜孜追求。正是凭着这种凝神专一的工匠精神，瑞士手表得以誉满天下、畅销世界，进而成为经典。文字工作者同样需要具有“工匠精神”，即对自己的文字产品要有精雕细琢、精益求精的精神理念，认认真真地而不是敷衍了事地、创造性地而不是“二传手”式地对待每一篇文稿的起草，使之成为高质量的作品。如果抱着应付差事、得过且过的态度，不动脑筋，不求质量，东拼西凑，草草了事，这样写出来的文字看都不需要看，一定是没有任何实际意义的文字垃圾。

俄国作家帕乌斯托夫斯基写过一部名叫《金蔷薇》的作品，其中讲述了这样一个故事：巴黎的一位老清洁工，每天深夜用一个小小的筛子，从首饰作坊收集回来的尘土里筛出那些隐约可见的金屑粉末，日积月累，竟然积攒到可以铸成一小块金锭的金粉。他用小小的金锭打成了一朵金蔷薇，送给了一位对生活怀有美好梦想的贫穷少女。帕乌斯托夫斯基用金蔷薇的故事，来比喻作家的生活、灵感与创作的秘密：每一个瞬间，每一点深邃的和快乐的思想，人类心灵的每一次细微的跳动，甚至白杨的飞絮，映在静夜池塘中的一点星光……都像是金粉的微粒。优秀的作家，会用几十年甚至一生的时间来寻觅它们，筛洗它们，然后铸成金锭，锻造成美丽的金蔷薇来献给他的读者。公文作者虽然不是作家，但文字工作在本质上是相通的。我们所做的工作，就是用公正和热诚之心，用不懈的努力，为社会、为他人奉献出一朵金蔷薇。

延伸阅读

葛底斯堡演说

（亚伯拉罕·林肯）

87年前，我们的先辈们在这个大陆上创立了一个新国家，它孕育于自由之中，奉行一切人生来平等的原则。

现在我们正从事一场伟大的内战，以考验这个国家，或者任何一个孕育于自由和奉行上述原则的国家是否能够长久存在下去。我们在这场战争中的一个伟大战场上集会。烈士们为使这个国家能够生存下去而献出了自己的生命，我们来到这里，是要把这个战场的一部分奉献给他们作为最后安息之所。我们这样做是完全应该而且是非常恰当的。

但是，从更广泛的意义上来说，这块土地我们不能够奉献，不能够圣化。那些曾在这里战斗过的勇士们，活着的和去世的，已经把这块土地圣化了，这远不是我们微薄的力量所能增减的。我们今天在这里所说的话，全世界不大会注意，也不会长久地记住，但勇士们在这里所做过的事，全世界却永远不会忘记。

毋宁说，倒是我们这些还活着的人，应该在这里把自己奉献于勇士们已经如此崇高地向前推进但尚未完成的事业，倒是我们应该在这里把自己奉献于仍然留在我们面前的伟大任务——我们要从这些光荣的死者身上汲取更多的献身精神，来完成他们已经完全彻底为之献身的事业；我们要在这里下定最大的决心，不让这些死者白白牺牲；我们要使国家在上帝福佑下得到自由的新生，要使这个民有、民治、民享的政府永世长存。

（1863年11月19日）

林肯的这篇演说是演说史上著名的篇章，也是公文当中的不朽佳作，其思想的深刻、行文的严谨、语言的精练，使之彪炳青史。

南北战争期间，葛底斯堡战役后，美国决定为死难烈士举行盛大葬礼，并请了著名演说家艾佛瑞特来演讲，又发给总统一张普通请帖，请他在艾佛瑞特演说完毕之后“随便讲几句适当的话”。林肯平静地接受了这一并不礼貌的邀请。他为这次演讲认真准备了两星期，演说稿改了三次，直到走进会场时，他骑在马上仍然把头低到胸前默想着演说辞。那位艾佛瑞特讲演了两个多小时之后，林肯走上讲台，发表了言简意赅、铿锵有力的演说。两分钟的演说很快就结束了，记者甚至还没有来得及照上一张照片。现场的掌声持续了十分钟之久，《芝加哥论坛报》记者的电文只有一句话：“林肯总统的献词将永垂青史。”

演说作为一种公文文体，应具有主题明确、结构严谨、节奏明快、意象鲜活、感情真挚、表达生动等基本条件，显然这些要素《葛底斯堡演说》都具备了。短短几百字之中，把自己的政治主张、这次集会的目的、对烈士的缅怀、对今人的激励四层含义作了精辟的阐述，内容博大而又惜言如金，既表达了强烈的民族自豪感，又赞颂了那些做出牺牲的人以及他们为之献身的理想，而且阐明了“民有、民治、民享”的政治观点，具备深厚的思想意蕴和高尚的价值追求。

后人对该演说稿给予了极高评价，它不仅是美国学生必读的名作，而且在世界各国广为传诵。这一气贯长虹的演说，随着美国民主自由精神的发扬光大，体现出不朽的历史价值。今天，这篇演说稿中的名言被镌刻在林肯纪念堂的四壁上，其演说手稿被藏于美国国会图书馆，其演说辞被铸成金文长存于牛津大学。

林肯总统在演说中体现出的高尚人格和可贵的价值追求，超越了时代，超越了国界，超越了种族，成为全世界人民的共同精神财富。由此可见，价值观的力量是何等强大而持久。

II

第二章

初窥门径

公文那些事儿

进入公文写作这道门之后，往往得从基础工作做起，由于一下子还不能独当一面，只能先替人打下手。这个阶段的工作，会有这样两个方面的特点：一是起草的公文往往很难一次成功，需要多次修改，甚至返工，这样次数多了，很容易受到打击，垂头丧气；二是身在文字工作这个岗位上，难免要起草各种类型的公文，不同的文体都要接触，而不同文体的特点、要求不同，有时感到适应起来不太容易。

在办公厅（室）系统、综合管理部门等从事文字工作的同志，不见得都是学与写作相关的专业出身，而往往是出于对文字工作的兴趣，进入了这样的工作岗位，或者在工作中表现出较好的文字基础和写作能力，被领导安排做起了文字工作。说起来，写公文并不是什么难掌握的技能，但从刚接触到能熟练地操持“十八般武艺”，也还是需要一个过程。这里，需要一点悟性，需要大量的训练，也需要了解并掌握公文文体的基本要求。

目前，市面上关于公文基本格式和要求的书出版了不少，读者可以自行寻找作为入门教材，本书不将这方面的内容作为重点，只是突出讲述公文的主要特点以及各类文体的基本要求。这些内容，虽然浅显，但也很基础，就像“扎马步”要扎好了，才可能练好精湛的武艺。

公文姓公

从事文字工作的人，往往有一定的文字基础，也有一些相关的文字工作经验，从事过文学作品、新闻作品或者学术文章的写作。在刚开始接触公文写作时，要么因为不熟悉而觉得难以下手，要么有所轻视，觉得公文不就是简单应用文嘛，有何难的？在这样的情况下，需要知道的是，公文是一种特定的文体，与一般的文章写作并不相同，并不一定上手就会写，但只要掌握其特点，也不是那么难。

按照词典的解释，公文是法定机关与组织实施领导、履行职能、处理公务的具有特定效力和规范体式的书面文字材料，是传达贯彻党和国家政策、方针，发布行政法规和规章，施行行政措施，指示和答复问题，指导、布置和商洽工作，报告情况，交流经验的重要工具。从上述定义来看，公文属于应用文范畴，而且是一种特定的应用文，除了具有应用文的一般特性外，还有三个明显的特点，即法定作者、法定效力、特定格式。

法定作者。公文由谁来起草、谁来修改、谁来审核、谁来定稿签发，是由规章制度按照内部分工明确规定的。写一般文章，属于文责自负。比如某个人在自己的个人微博上发布了一篇博文，无论是赢得网友点赞还是招致一片骂声，毫无疑问，其对象都是指向这个人。但公文则不同，公文写作的文责由最后签发者来承担。比如公文作者甲起草了一项规章制度，经过一系列审核、修改，最后由领导乙正式签发，那么如果这项制度中存在与上级规定不符的情况，导致无法执行，其后果应该由领导乙而不是起草者甲承担。另外，公文属职务作品，归属于单位或使用者所有。比如政府的工作报告一定归属于政府所有，某单位领导出席会议时的讲话稿归属于这位领导所有，这与工作报告或讲话稿是谁起草的没有关系。

法定效力。公文起指挥、报告、沟通、说明等作用，是一种交流和管理的工具，其效力来源于它所属机关或组织的法定权力。公文所涉及的管辖范围内的所有单位和个人必须贯彻执行。如果有不同意见，只能以规定的方式和程序向上级机关或组织反映，在公文效力未丧失前，必须遵照执行。违背公文所规定的内容，就意味着不服从管理，理所应当要受到相应的处理或惩罚。发文机关或组织的职权范围越大，公文的权威性就越强，作用的范围也越广。公文的法定效力决定了它的严肃性和规范性，也决定了它的针对性和时效性。与公文的法定效力相关，部分公文还有保密性的特点。

特定格式。公文有自己独特的行文方式和写作体例。对正规的公文，国家有专门的规定，《党政机关公文处理工作条例》（2012版）规定了决议、决定、公告、通知、报告、请示、批复、函等15个文种的撰写规范，即使是讲话材料、工作报告、介绍性文字、会议纪要、工作方案等，也有特定的要求，不能像写一般文章一样，随兴而起，随心所欲，而是要严格按照特定的格式来写。比如把请示照着批复的格式来写，报到上级机关去，岂不是闹笑话吗？被上级机关打回重写事小，如果因此耽误了重要工作的时效，还要承担相应的工作责任。即使要对公文有所创新，也只能针对公文的主题、结构、语言、内容等要素进行创新，不能对公文的格式有任何的突破。所谓官样文章，即是没有个性的公文，而这恰恰是公文的一个特点。

所以说，公文姓公，就是指公文具有这些显著的特点。公文写作是职务行为，目的是为了工作，把公文写好是为了对工作更有利，使之发挥好应有的作用，实现“公文为公”的目的和宗旨。

公文的作用主要包括以下几点：

领导和指导作用。党政机关、国有企事业单位、社会团体等，都在特定范围内承担着组织、指挥、管理的职责，而实施这些职责的基本工具之一，就是公文。大到国家机器的运转，小到一个企事业单位内部工作的有序开展，都跟公文的组织、指挥、管理作用密切相关，离开了公文的这种作用，工作很可能陷入混乱状态。实际上，公文的构思、起草、定稿、发布的过程，就是领导和管理工作的筹划和实施过程。因此，一般来讲，上级机关的公文对其下级机关的工作发挥起直接的领导和指导作用。

规范和约束作用。在党政机关和国有企事业单位公文中，有相当一部分具有强制的性质，如条例、规定、办法、制度、细则等。这类公文是对一定范围内人群行动的准则或行为的规范，具有明显的规范和约束作用，一旦发布生效，就必须遵照执行，不得违反。比如，某单位发布了一项有关领导干部办公用房的制度，那么凡是属于制度适用范围内的干部，都必须遵守制度中有关办公用房使用面积的约束，超出使用面积必然面临相应的处分。

沟通和联系作用。党政机关、企事业单位都要通过制发公文联系和商洽工作，传递和反馈信息，介绍和交流经验。正是在各种纵向、横向的联系和沟通中，上情得以下达，下情得以上达，友邻单位得以互通信息，思想认识得以统一，各项工作能够正常而有序地开展。下行文中的通知、通报，上行文中的报告、请示，还有作为平行文的函，都有交流信息、商洽协调的基本功能。有了公文作为信息流通的渠道，上下级机关都有可能做到耳聪目明，不至于闭目塞听。

宣传和教育作用。领导讲话、会议纪要、通报等许多重要公文，有着明显的宣传教育作用。比如一篇领导讲话稿，针对一段时期工作中普遍存在的某一问题或认识的偏差，摆事实，讲道理，进行启发引导，使大家明白应该确立什么立场，坚持什么原则，理清未来的工作思路，明确下一步的具体措施，可以有效起到引导思想、启发思路的宣传教育作用。再比如一篇工作总结，在做出工作部署、提出工作要求的同时，往往要分析国际国内形势，阐明上级的路线、方针、政策和本单位的工作思路，对广大干部群众进行宣传教育，以便统一思想认识，增强贯彻执行的自觉性。还有一些公文，如表彰性或批评性的通告，本来就是为了达到宣传教育的目的而制发的，其宣传教育作用更为突出。

依据和凭证作用。公文反映了发文机关的意图，具有法定效力，是收发机关做出决策、处理问题、开展工作的依据和凭证。上级发布的公文，是下级开展工作的依据；下级上报的公文，是上级决策的依据；本级机关自己制作的公文，是自己履行职能、开展工作的真实记录和依据。在日常工作中经常会遇到这样的情况：对一个具体的事务该如何处理没有把握，就查找相关的公文，看上级或有关职能部门在这方面有哪些规定，然后按照规定行事。对某次会议的情况不够了解，就查找那次会议的纪要，即可以获得清晰可靠的材料，这些都是公文依据和凭证作用的具体表现。因此，很多重要的公文，都需要归档保存很长时间，以便需要时能够便捷、准确地予以查找利用。

文有常法

写文章有“生手”和“熟手”之分，“生手”写东西很艰难，半天也写不出几句话，“熟手”则文思泉涌，运笔如飞，甚至倚马可待。这里面当然有天赋和经验的区别，也有很大一个原因在于“熟手”经过反复的训练，掌握了基本的方法和诀窍（Knowhow），或者我们说，掌握了文章的“常法”。

文章的写作方法大体分为记叙、描写、抒情、议论、说明五类。记叙、描写、抒情是形象思维，属于感性范畴，是文学作品的内核所在；议论、说明是逻辑思维，属于理性范畴，它是科学作品的内核所在。

公文也离不开以上几种写作方法，其中最主要的是记叙、议论、说明，很少用到抒情，除非是领导在动员时、庆典时的讲话，或者是贺信、贺词上偶尔会用上一点抒情，基本上没有用到描写的时候。

公文的记叙不像记叙文可以灵活运用倒叙、插叙、转叙，它用的多是顺叙、平叙。公文写作中的记叙讲究平铺直叙，一目了然，明白晓畅，忌讳曲折起伏、变幻莫测。一篇公文，如果阅读者一看标题或者一看开头，就知道文中所要表达的内容并猜出它的结尾，那就是一篇叙述十分成功的公文。

公文的议论也不像论文追求逻辑的严密，不像政论文追求气势的恢宏，它追求的是说理的实在、事实的无误。公文写作一般很少单独使用议论的方式，多数是在一篇公文中含有一些议论的成分，并且很少会作多方面、多层次、多角度的完整性论证。

公文的说明也不需要像产品说明那样巨细无遗，它仅仅是根据需要作必要的补充说明即可，如规章的名词解释部分就用说明的方法。完全采用说明方式的只是法规性的文件（如章程、条例、规定、办法等），其他大部分公文中的说明大都是与叙述、议论等结合起来运用。

从以上可以看出，公文是一种特殊的文体，它在使用写作方法时必须符合它的特点和要求。它是一种工具，必须体现职能，注重实用；它有法定效力，必须条理清晰，表达严谨；它是一种特定文体，必须文字平实，准确简练，文风朴实。除了遵从文字通顺、层次分明、结构合理、观点与材料统一等写作通则之外，还要将公文那种庄重、准确、朴实、精炼、严谨、规范的语言特点体现出来，这是公文写作一项重要的基本功。

根据上述公文的特点，在公文写作中要把握好四点：

一是想清楚。公文写作，立意是第一位的，技巧是第二位的。在动笔之前，先要想清楚，多问自己几个为什么：为什么要写这篇公文？写这篇公文是为了解决什么问题？问题的原因在哪里？重点、难点、焦点在哪里？如何去解决问题？有什么办法和措施？这些办法和措施有没有可操作性？把这些问题都研究清楚了，文章的立意也就准确了，主题也就明确了，重点也就突出了，就不会出现受众不知道在说什么、不知道要干什么的困惑。只有公文作者想清楚了，公文受众才能看明白。写公文最忌讳的就是，一接到写作任务，不假思考，立刻投入奋笔疾书中去，先把自己肚子里有关的东西一股脑儿地倒出来，这样写出来的公文，由于缺乏全局考虑，切入的点过于片面，容易忽视了公文写作的要点，在初审时绝大多数都需要推翻重写。所以，凡事预则立，不预则废，对于写公文也是一样的道理。动笔前不先想清楚，或者思维混乱，想不清楚，必定导致写作的失败。

二是说明白。想清楚的事情，还要把它准确无误、明明白白地表达出来。这就是说，写公文还需要具备较强的文字表达能力，这是公文起草者必须具备的基本功。把形势讲明白，把道理讲明白，把问题的原因讲明白，把措施讲明白，该突出的重点要突出，该强调的意见要强调，使脑子里想清楚的，变成纸上写清楚的，变成受众能够看明白的、听明白的。用字用词要准确，不能出错别字；句子要通顺，不能出现病句、有歧义的句子；标点要适当，不能胡乱用标点符号。更重要的是，逻辑要清楚，层次要分明，语言要简洁明快，文字如行云流水，读起来让人知其所云，让公文发挥出真正的效用。

三是有特色。公文虽然是一种格式化的文体，但并不等于呆板，更不是人们通常戏称的千篇一律的“打官腔”，千万不能简单把公文认识为“天下文章一大抄”，下级抄上级，上级抄中央，靠复制粘贴就能完成，而是因不同工作、不同场合、不同对象、不同领导者的个性风格不同而千变万化的。公文的特色体现在内容之中，也体现在行文之中。从宏观方面来讲，要体现时代特色；从中观方面来讲，要体现行业特色、所在单位特色；从微观方面来讲，要体现某项工作特色。遣词造句也要凸显出特色。好的公文，内容上特点鲜明、亮点纷呈，表达上自然生动、引人入胜。特别是调查研究、经验介绍之类的文章，更要体现特色。

四是可操作。公文是一种交流和管理工具，不但要求事实清楚，理由充分，论述有据，而且强调可操作性，要实在可行，避免空泛。否则，就是中看不中用，于事无补，失去公文的本来意义。比如布置工作的公文，每一条措施都应在现实工作中切实可行：什么时间完成？由谁负责？具体怎么干？完成什么目标？取得什么效果？这些内容在每一条措施中都应该一一明确，缺少了这些内容，公文的可操作性都会受到影响，工作措施就难以落到实处。要坚决摒弃满篇都是正确的废话、空洞的套话、真实的假话的“八股文风”，防止以文件落实文件的“空对空”，增强公文的可操作性，发挥公文的实用价值。不论何种公文，都必须符合法律、法规和政策、制度要求，公文本身也可能成为法律、法规和政策，所以要特别强调开放式写作，走群众路线，征求相关意见，集中大家智慧，从而写出切实可行的公文。

掌握了公文写作的方法特点以及写作的基本要求，就把握了写作的“常法”，能做到事半功倍。

文无定法，贵在得法

古人说：“文无定法。”这里的“法”有两层含义，一是指不同的文体要求不同，遵循不一样的模式和规范；二是文章的写作手法上不一定要墨守成规，每个人写文章都有自己的独特风格，可以多种多样，不拘一格。文有常法，又无定法，既有格式可循，又无一定之规，这二者是辩证统一的，并不矛盾。“常法”是通则和规范，“无定法”是因文而异，是可以发挥和创造的空间。公文作为“戴着脚镣跳舞”的文体，这一特点体现得更为明显，如何把握好，关键在于“得法”，做到“运用之妙、存乎一心”。

公文的文体多种多样，由于不同文体的对象、诉求和形式载体不一样，所以也有着不一样的特定要求。各类公文文体都要符合公文的共同特点，也要符合“想清楚、讲明白、有特色、可操作”的写作要求，但在表达方式和形式特点上会存在差异，所以在这里，“有常法”更多地指内容要素，“无定法”更多地指表达形式，也就是各种文体相对固定的“范式”。接下来，本书就把几种常用文体的写作要求逐一进行讲解。

1.领导讲话。

领导讲话是领导个人代表领导机关按照法定权责开展公务活动时，为达到宣传教育、统一思想、部署安排、督促落实的目的而进行的讲话活动，它一般是领导个人、领导集体、领导机关三者领导思想的统一。起草领导讲话稿，涉及内容广，承担责任大，是一项系统的、复杂的文字工程，在公文写作中具有较高的地位。能胜任领导讲话起草的人，一般都具有相当好的文字功底和综合素质。

想要写好领导讲话，需要注意以下要点：要符合上级的方针政策，贯彻上级的工作部署和指示精神，同时要把握好上级精神与自身实际工作的结合点，分析形势高屋建瓴，部署工作态度明朗，提出措施操作性强；要充分贯彻和体现领导的意图，符合领导的思路观点和指示，有一个明确的主题，目标要集中，高度要足够，说理要透彻；要有较强的针对性，对重点、难点、焦点问题，深入分析，充分论述，从领导的角度提出意见；要有新意，尽量反映新形势、新情况、新要求，避免千篇一律；要注意讲话者的个性特点，量体裁衣，使领导念起稿子来，如同自己打的腹稿一样，朗朗上口，顺畅自然。一般来说，讲话稿要有适当的激情，把领导对事业的专注、对工作的负责和对前景的信心，通过讲稿体现出来，使领导讲话成为一种动员，引起参会者的热烈响应。

需要重点提到的是，写好领导讲话必须充分领会领导意图。领导讲话既是用来体现组织机关意志，同时也是阐发领导个人见解的，这是领导讲话与其他公文形式的最大区别。因此，起草领导讲话，一定要想方设法把领导的思想和意图理解准、领会透，通过细心观察、揣摩、科学分析，努力去挖掘、扩展、完善、深化和延伸领导的意图，这是完成一篇高质量领导讲话的最重要前提和关键环节。

2.工作报告

工作报告多是指会议的主题报告，它是代表整个机关或组织回顾总结工作、分析研究形势、部署工作任务时使用的一种文体，有的工作报告还需要提请会议代表进行审议批准。比如，大到党的十八大报告、国务院总理的政府工作报告，小到一家国有企事业单位的工作报告等。

工作报告最大的特点是其综合性。可以说，工作报告是领导讲话、工作总结、经验介绍材料、工作方案等几类公文形式的大综合，其他几类文种的要求，全部集中体现在对工作报告的要求中。比如，如果把工作报告中回顾工作的部分单独拿出来，实际上就是一篇工作总结；把总结经验的部分拿出来，实际上就是一篇经验介绍材料；把布置工作的部分拿出来，就是一篇工作方案。因此，只要能写好工作报告，写好其他几类公文便是水到渠成的事情了。

在各类公文材料中，工作报告是最难写的，难的不是文字的表达技巧，而是难在三个方面：一是对主题提炼，是否能突出当前的工作重点，是否具有足够的针对性和指导性，能够引起大家的共鸣，能否解决当下最突出的问题；二是表达的切实性和准确性，即对工作成绩的总结、工作部署和要求是否到位，是否符合实际，是否切实可行，是否兼顾到当前与长远、总体与局部、上层与基层。这也是写作时最需要注意的问题；三是全面与重点的平衡，工作报告写作，既要全面，又要有重点，有所侧重，既要学会“弹钢琴”，又要“牵牛鼻子”，注意把握好相关工作的协调与平衡问题，不可偏废。

工作报告一般是集体作品，不应体现个人风格，而以平实准确为要。

工作报告起草也要有创新意识，不拘泥于传统的老套的提法，要有新的理念和新的思路，但对新的提法一定要仔细推敲琢磨，要站得住脚，经得起各方的追问和实践检验。

3.调研报告

调研报告是基于某种工作意图，对特定客观事物进行调查研究后，根据所掌握的真实情况以及所揭示的本质规律，对实际工作提出建议和意见、做出判断和决策的一种文体。调研报告是最能发挥写作者才能的文体，也是最有个性的文体。

扎实开展调研，广泛收集资料，深入研究问题，找出原因所在，提出对策措施，是调研报告写作要注意把握的要点。调研报告是为决策服务的，调查研究是科学决策的前提条件，党的基本理论、基本路线、基本纲领、基本经验，党领导人民进行的革命、建设所取得的伟大成就，无一不是与深入调查研究密切相关。毛泽东同志说：“没有调查就没有发言权。”他认为“认识中国的国情乃是认清一切革命问题的基本依据”。因此，开展认真、客观、细致调查研究，以获取真实、丰富的调查资料，是写好调研报告的前提。

撰写调研报告要做到主题鲜明，重点突出，语言精练，论证严密，选材精当，分析精辟，建议切实，措施可行。要对掌握的材料进行深入研究分析，采取科学的分析方法，进行由表及里、由此及彼、去伪存真、去粗取精的研究，从复杂的现象之中找出事物内部的必然联系和发展规律，查明来龙去脉，理出清晰的思路，提出正确的观点，拿出可行的措施，解决现实的问题。

调研报告要注意明确目的性，突出针对性，注重实效性，确保操作性。要拓宽思路，关注热点，剖解难题，避免事实简单罗列，注意所使用事例的典型性和说服力。

调研报告的核心在于提出对策措施，既要考虑领导会不会采纳，也不能一味揣摩领导的意图，关键是提出的措施要有坚实的基础。

需要强调的是，写好调研报告，要领在于抓住一个“真”字。“真”就是全面、客观、公正地反映客观事物的本来面貌，防止主观片面性。无论是成绩和经验，还是问题和教训，是怎么样就怎么样，既不夸大也不缩小，既不捏造也不掩饰。还要在遣词造句上注意把握好分寸，防止把话说过头，始终坚持两分法、两点论，瞄准现实需求，力图还原事物的本来面目，为工作决策提供真实客观的依据。

4.总结报告

总结报告是对一定阶段内已经做过的工作进行理性系统的回顾梳理、分析研究、总结提升所撰写的公文，目的是为了吸取经验和教训，以利于加强和改进今后工作，为以后的工作奠定基础。

按照总结对象的不同，总结报告有一定时间段的工作总结（一般是年度总结，也有半年、五年等总结）、专项工作总结之分。总结的内容大致包括情况和经验两大块。情况就是做了什么工作、怎么做的、取得了什么效果、还存在什么问题；经验主要是工作体会、规律性认识、深层次思考等等。

写好总结要注意以下几点：一是要重视调查研究，熟悉情况，全面掌握，避免以偏概全。二是要坚持实事求是的原则，就像陈云同志所说的那样：“是成绩就写成绩，是错误就写错误；是大错误就写大错误，是小错误就写小错误。”三是重点在于出经验，找规律，不能停留在表面现象上，而要总结归纳出规律性的结论。四要善于发掘亮点，总结经验，利于积累和推广。五要注意点面结合，定性与定量结合，用必要的数据和典型事例来说明情况。

总结中容易出现以下共性问题，需要在写作中注意避免：一是罗列工作，写成“流水账”，重点不重，亮点不亮，个别工作叙述太琐碎或表述不清晰。二是报喜不报忧，把总结当作表功的工具，背离了总结的本意，写成绩“浓妆艳抹”，谈问题遮遮掩掩，甚至略去不提。三是虚话套话太多，实质内容干瘪，甚至歪曲事实，生拉硬扯，是明显地走过场、胡乱付的形式主义。

5.信息与简报

信息是一种常用文体，它的作用在于反映情况、交流信息、指导工作。信息方便、不拘一格，是一种十分灵活的文体。信息对文字能力的要求可以略为降低，只要能说明情况即可。

信息与情报、新闻是兄弟。信息写作的要求是行文简洁、突出重点、富有新意，核心是要有信息含量，最好能提供别人不知道的东西。真实、准确、及时、有效、简明是信息的主要特征。

真实性要求信息必须来自客观事实，必须是实实在在发生的情况，没有主观臆造，没有未证实的猜测。**准确性**要求信息必须准确反映客观情况，确保完整无误，特别是涉及时间点、数据等关键信息，不能出现任何差错。**及时性**要求信息必须紧跟现实发展变化，反应快速、新颖而不是迟缓、陈旧。突出新情况、新角度、新成效，不能让新闻变成旧闻。及时性还要求提高反应速度和编写效率，快速收集、快速加工、快速提炼、快速报送，都做到第一时间。及时性是信息区别于其他文体的一个最显著的特点。**有效性**要求信息必须针对性强，紧紧围绕中心工作，切中主线、重点、难点和热点问题编写信息，讲究重点内容的完整性和丰富性，不能东一榔头西一棒子，抓不住关键，又不能点而不到，到而不亮。**简明性**要求信息结构紧凑，条理清晰，文字简洁，短小精悍，意思显豁，前后逻辑尽可能保持一致，不能搞“穿鞋戴帽”，空话、套话更不能要。

信息从内容上来分，有动态型、经验型、问题型三大类。动态型信息具有新闻报道的特点，主要交代时间、地点、任务、事件等要素，反映某一方面的动态，内容单一简要，高度概括，结构简明，篇幅较短，300字左右。这也是实际工作中最常见的一类信息。经验型信息反映情况比较全面、完整，有总结分析，有成果介绍，篇幅较长，1000字左右。最难写的是问题型信息，既要分析原因，也要提出对策。但提对策不要勉强，能提出好问题本身就有极大的价值。

与信息相似的是简报，如会议简报、工作简报，广义上也是属于信息。简报主要用于交流，要保持原生态，撷取独特的观点，挖掘思维的亮点，达到相互启发的效果。

6.经验介绍材料

介绍材料包括推广经验用的典型材料，以及向外界介绍情况的一般性介绍材料。两者有相似之处，也有一定区别。

大体上，典型材料主要用于会议发言、书面交流；一般性介绍材料主要是介绍情况、扩大影响用的，用于向来访者介绍或者发表在报刊上。两者的对象不同，写作的要求也不同。

典型材料与总结报告有点接近，但要求更加突出典型性，主题要集中，开掘要深，要充分发掘特色和亮点，给人以启发和教育。同时要坚持真实性的原则，经验要总结归纳，但不要人为拔高。适当运用数据和典型例子，以增强说服力。

介绍材料可以参照典型材料的一些写法，需要注意的是，必要的背景交代不可缺少，尽量把专业名词转换成通俗易懂的普通词汇，或者作必要的解释和说明。文字以叙述性、说明性文字为主。内容要详略得当，重点突出，便于理解。

无论是典型材料还是介绍材料，都要突出自身特色，强调说服力。

7.会议纪要

会议纪要是在会议记录基础上围绕会议主题整理形成的一种概要性文字材料。纪要的“纪”是记录，“要”是要点，连起来就是记录要点的意思。会议纪要属于记录性文体，本身的写作要求并不高，只要以会议达成的统一意见为核心内容，重点说明会议的时间、地点、参会人员、基本议程，与会者有哪些主要观点，最后达成了什么共识，形成了什么决定或决议，就可以完成。会议纪要写作挑战在于对于会议讨论议题的了解和熟悉，以及对会议讨论中芜杂意见的准确理解和概括能力。

会议纪要的关键是真实、准确、明白，如实反映会议基本情况，传达议定事项和形成的决议。要特别注意的是，不能根据个人意图进行“演绎式”“推理式”“编造式”纪要，凡是会议没有涉及的内容，不能写入纪要，更不能随意改动会议上达成的共识和形成的决定，也不能对会议内容进行评论。

纪要内容要真实可信，准确无误，不能含糊不清，更不允许出现错误。语言要准确简要、表述明白、界定清晰、不留死角、便于执行。认识性文字力求简略，结论性文字力求明确，防止产生歧义和前后自相矛盾，注意把口头语转化为书面语。特别是对于涉及责任划分、经费额度、完成时限等敏感信息时，更要确保全面、准确、清晰记录。如果笼统、含糊、缺漏，就可能造成会后相关方不好操作，无法依据执行，甚至相互推诿扯皮。

会议纪要与会议记录不同的地方就在于，会议记录只需要保持会议的“原汁原味”，而会议纪要需要围绕会议精神和会议主题对会议记录、会议背景、会议材料等进行分类、筛选、提炼，做到脉络清晰，层次分明，内容集中，使人从中能够获取会议情况，领会会议精神，明确会议要求。会议纪要切忌冗长烦琐，事无巨细，主次不分，写成了会议记录的缩略版。

8.工作方案

工作方案是为了完成某项工作，做出全面、具体而明确安排的计划类公文。工作方案往往是集体讨论的产物，一份完整的工作方案一般包括指导思想、目标任务、工作机构、实施步骤等各项要素。工作方案讲究思路清晰、内容具体、重点突出、职责明确、风险可控等，最关键的是合理可行。

合理可行是指：首先目标要现实合理，既不能太容易，也不能太难，更不能夸夸其谈、好高骛远；其次，工作要求要具体可行，时间、步骤、进度、质量等方面的具体要求和衡量指标尽可能量化，不能量化的也要描述清楚，有质的要求，这样更能明确要求，更容易实现；再次措施要切实可行，要针对实际，具有可操作性。对各项任务进行分解落实，明确责任单位和责任人，并明确工作进度和工作结果的评价标准。

以上简要概述了八种工作中常用公文文体的特点和写作要求，即写作范式。对于初学者来说，最重要的是在实践中反复操练、揣摩和掌握方法，多学习、多写作，每一种文体都要经过多次练手，并不断比较、分析和总结，才能从生疏到熟悉再到精通。“文有常法，却无定法，贵在得法”。把各种公文的基本特点、规范要求、格式搞清楚了，各种文体的写法都熟练了，就能像庄子笔下解牛的庖丁那样，技进乎道，游刃有余，做到“十八般武艺样样精通”。

延伸阅读

谏逐客书

（李斯）

臣闻吏议逐客，窃以为过矣。昔穆公求士，西取由余于戎，东得百里奚于宛，迎蹇叔于宋，来邳豹、公孙支于晋。此五子者，不产于秦，而穆公用之，并国二十，遂霸西戎。孝公用商鞅之法，移风易俗，民以殷盛，国以富强，百姓乐用，诸侯亲服，获楚、魏之师，举地千里，至今治强。惠王用张仪之计，拔三川之地，西并巴、蜀，北收上郡，南取汉中，包九夷，制鄢、郢，东据成皋之险，割膏腴之壤，遂散六国之从，使之西面事秦，功施到今。昭王得范雎，废穰侯，逐华阳，强公室，杜私门，蚕食诸侯，使秦成帝业。此四君者，皆以客之功。由此观之，客何负于秦哉！向使四君却客而不内，疏士而不用，是使国无富利之实，而秦无强大之名也。

今陛下致昆山之玉，有随和之宝，垂明月之珠，服太阿之剑，乘纤离之马，建翠凤之旗，树灵鼍之鼓。此数宝者，秦不生一焉，而陛下说之，何也？必秦国之所生然后可，则是夜光之璧，不饰朝廷；犀象之器，不为玩好；郑、卫之女不充后宫，而骏良駃騠不实外厩，江南金锡不为用，西蜀丹青不为采。所以饰后宫，充下陈，娱心意，说耳目者，必出于秦然后可，则是宛珠之簪，傅玑之珥，阿缟之衣，锦绣之饰不进于前，而随俗雅化，佳冶窈窕，赵女不立于侧也。夫击瓮叩缶弹筝搏髀，而歌呼呜呜快耳者，真秦之声也；《郑》《卫》《桑间》，《韶》《虞》《武》《象》者，异国之乐也。今弃击瓮叩缶而就《郑》《卫》，退弹筝而取《昭》《虞》，若是者何也？快意当前，适观而已矣。今取人则不然。不问可否，不论曲直，非秦者去，为客者逐。然则是所重者在乎色乐珠玉，而所轻者在乎人民也。此非所以跨海内、制诸侯之术也。

臣闻地广者粟多，国大者人众，兵强则士勇。是以太山不让土壤，故能成其大；河海不择细流，故能就其深；王者不却众庶，故能明其德。是以地无四方，民无异国，四时充美，鬼神降福，此五帝三王之所以无敌也。今乃弃黔首以资敌国，却宾客以业诸侯，使天下之士退而不敢西向，裹足不入秦，此所谓“借寇兵而赍盗粮”者也。夫物不产于秦，可宝者多；士不产于秦，而愿忠者众。今逐客以资敌国，损民以益雠，内自虚而外树怨于诸侯，求国无危，不可得也。

李斯所写的《谏逐客书》是一篇优秀的公文，是一篇流传千古的美文，也是一篇改变了历史进程的政论文。

李斯是历史上著名的政治家，法家的代表人物。他是楚国人，后来到秦国，先后担任廷尉、客卿和丞相，在秦统一中国的过程中发挥了很大的作用，提出的郡县制、统一文字与度量衡等一系列政治主张对历史发展产生了深刻影响。李斯也是著名的文学家和书法家。鲁迅先生曾说：“秦代文学仅李斯一人而已。”《谏逐客书》就是他最为著名的代表作。

《谏逐客书》是李斯写给秦王的一个奏议或说奏书、奏章，秦王就是后来统一天下的秦始皇嬴政。“客”是客卿，指当时在秦国做官的其他诸侯国的人。“书”是古代臣子向帝王呈交的一种公文形式，类似于今天的“情况报告”。李斯写这一奏书的目的，是劝阻秦王不要驱逐客卿。

根据司马迁的《史记·秦始皇本纪》，可以推算出李斯这篇奏议写于公元前237年，距秦始皇统一中国还有16年。当时正是战国末期，秦国最为强大，统一天下的形势已渐趋明朗。其他诸侯国怕秦国兼并自己，千方百计地遏制秦国向外扩张。正在这时，韩国派了一个叫郑国的水工到秦国去，建议秦王修一条很长的灌溉渠，目的是想以浩大的工程牵制、耗费秦国的人力、物力，使他难以对外用兵。不久这一计谋被识破了，秦国宗室的贵族大臣们借机发难，纷纷上书秦王，要求下逐客令：就是要把客卿统统赶走，秦王采纳了这一意见。

李斯本来是楚国人，当然也在被逐之列。驱逐客卿，实际上是秦国贵族借机排挤打击异己力量的错误行动，对秦国实现一统天下的宏愿有百害而无一利。李斯慧眼独具，写了《谏逐客书》进行劝阻，从秦国的前途着眼，着重说明逐客还是不逐客已成为秦国是否能统一天下的关键，他高瞻远瞩，说理透彻，因而打动了秦王，秦王立即取消了逐客令，并派人把李斯从半路上追了回来。一份奏书，改变了秦王一项重大决策，并间接影响了历史的发展，起到了扭转乾坤的作用。

这篇奏议无论在内容上还是在形式上，都是无可挑剔的上乘之作，也充分体现了公文的一些本质属性，正是这些属性形成了该文鲜明的特色。首先，《谏逐客书》具有明显的实效性，就是要讲求实用、注重效果。公文不像文艺作品那样潜移默化，以美感人，公文乃是“政事之先务”，它的目的是为了完成特定的公务，功能是为了解决实际的问题。从本质上说公文是一种实用性、程式性的文书，所产生的客观效果是衡量公文价值大小的一个重要尺度。徐望之《公牍通论》指出：“事前体察周详，令出务求实效。”这说的是下行公文。上行公文也要做到“下情不壅于上闻，谋事惟期其必达”。《谏逐客书》最成功之处就在于，一上书给秦王就达到了预期的目的，实效性在这里得到了最充分的体现。

其次，《谏逐客书》在“对事的论断”方面堪称典范。“事”是公文的内容，“论断”是公文内容的表达方式，“对事的论断”体现了公文内容与形式的统一。公文须有事而言，刘勰所说“言事于主”“指事造实”，徐望之所说“尚实事不尚虚文”，都指出公文的内容就是“事”，但是公文在表达事时，往往是高度概括或者点到为止。公文对于事，主要是用“论断”的方法。正如《公牍通论》所述，“陈言论事”“公文本质重论断”。论断包含“论”和“断”两个方面，简言之，“断”就是要办什么事，“论”就是办这事的理由。“论”是“断”的前提，如果不把事理论清说透，“断”就会成为无源之水、无本之木，缺乏说服力。下行文往往偏重于“断”，以显示权威，而上行文则较侧重于“论”（当然也应有“断”），需要有充分的理由和说服力，情至理足。《谏逐客书》的

“断”就是开头一句话：“臣闻吏议逐客，窃以为过矣。”用非常警醒而委婉的言辞开宗明义，起句发意振聋发聩。下文展开了有力的论说，对事理的论说充分深刻，令人信服。

再者，《谏逐客书》具有很强的针对性。公文的针对性一方面是指每篇公文都是针对某一具体的事务而发，另一方面也指公文具有比较具体的受文对象，受文者具有确定性。周知性的公文读者面较宽，但也有一定的范围；下行文读者面相对说要窄一些，在现代的公文中有的还规定了阅读传达范围；上行文一般是给一个上级机关，受文对象很具体。古代的上奏文是专门给君主的，对象最明确。公文写作时都根据受文者的不同情况进行斟酌，有的放矢。《谏逐客书》的针对性，从内容上来说，是对逐客这事而发，全文紧紧扣住逐客以论说其错误，避开郑国这一起因不谈，完全从秦国的利益着眼，容易使秦王接受。另外李斯当时也无辜受牵连，但他在上书中片言不涉及自己，这样完全符合公文的本质要求，徐望之说：“公文本质之可贵，贵在一字一句皆从民生国计上着想。”《谏逐客书》的针对性还表现在针对特定的受文者来采取谏说的策略。李斯上书是给秦王这个具体的人看的，如果不熟悉这个人，不揣摩这个人的愿望、想法，不去迎合他的心理需求，那就很容易碰壁。对这个问题，刘勰有中肯的评价：“顺情入机动言中务，虽批逆鳞而功成计合，此上出之喜说者也。”顺着秦王的感情、心理，引到统一六国的关键问题，达到了文章的目的。李斯紧紧抓住秦王的心理，把秦国的霸业作为整篇谏书的灵魂，贯穿始终，以利劝之，以害怵之，紧紧抓住了秦王的心，深深击中其要害，使秦王顺理成章地接纳其意见。

该文还有其他的公文特征，像当时李斯已在被逐之中，写这篇上书必须十分注意时效，《史记集解·新序》中说：“斯在逐中，道上上谏书。”表明当时情势紧急。在写法上开头单刀直入，指出逐客之错，使秦王为之震动。可见言辞开宗明义、开门见山，既为当时紧急情势决定，也是公文时效性的要求。

III

第三章

登堂入室

“六宜”与“六忌”

经过在文字岗位上一段时间的锻炼后，基本上能够熟悉各种公文文体的写作要求和风格特点，俗称“套路”。《文心雕龙》有云：“操千曲而后晓声，观千剑而后识器。”训练得多了，才能得心应手、游刃有余。做很多事情，都要经历这样一个熟能生巧的过程，公文起草也不例外。

基本上到了这个阶段后，就能独立承担一个公文的起草任务。从接到领导布置的题目，到搜集材料、构思、打腹稿，到撰写成文、修改定稿，并符合工作要求。这样下来，我们就可以说，这个起草者能够独当一面了。

但是，能够完成任务并不等于完成得好，刚刚掌握套路，离一个真正的公文高手依然还有很大的距离。而且，在这个过程中，公文起草者还往往容易陷入一些误区，对公文起草基本规律的把握也很不到位，从而影响了工作的效率与质量。而要把握这些规律，我们可以从公文起草中最重要的几个方面入手，把握其突出特点，明了其深层次要求，认识其文字背后的规律性，从而入其门槛、登其堂奥。

本章撷取公文写作中六个重要的方面来讲述，即立意、主题、结构、内容、语言和文气，将其写作要求归纳为“六宜”与“六忌”。就好比是公文写作的“六脉神剑”，一旦学会，将功力大增。

需要说明的是，由于公文文体众多，这里不一一讲述，而是将其聚焦到讲话稿的写作。古话说：“通一经而后通百经。”掌握了一种技法，就能举一反三、触类旁通，广泛应用到其他领域。毕竟不同公文文体的写作有很多相通之处，而且正如第二章所说，讲话稿是要求最高的，能写好讲话稿的人，再写别的公文一般不在话下。所以本章往后，重点以讲话稿为目标文体进行讲解和阐述，更能突出重点，更有针对性，也能起到以点带面的效果。

一、从文风谈起

“文风”，顾名思义，就是文章的风格和内涵，是作者语言运用的综合反映，进而言之，就是文章所体现的思想作风，或文章中某种倾向性的社会风气。就个人而言，它是作者的写作风格，个人风骨的体现，因人而异；就整体而言，它是一个时代文章的风尚和风俗，具有时代性、民族性特征，是社会上带有普遍性和倾向性的文章现象。

用文风给思想松绑

一直以来，文章大家和文学理论家都非常重视文风。南朝刘勰在《文心雕龙·风骨》中说：“意气骏爽，则文风清焉。”说的是作者个人风范与文章风格的内在联系；宋代韩琦在《欧阳修墓志铭》中称颂：“景祐初，公与尹师鲁以古文相尚……於是文风一变，时人竞为模范。”可见文坛领袖人物对文风的引领作用；清代冯桂芬在《重儒官议》中说：“数年文风不日上，士习不丕变者，未之闻也。”更是将文风与士习（士林习俗，类似于今天所说知识界的风气）的转变紧密联系在一起。

我们党也历来重视文风，倡导良好的文风。党的早期领导人毛泽东、周恩来、邓小平在年轻时都曾经办过报、写过文章，用朴实有力的文风宣扬革命、唤醒民众，起到了良好的效果。文风表面上是使用语言文字的作风，其实背后是工作作风和思想作风的体现，甚至直接关系到党风。毛泽东同志在《整顿党的作风》中说道：“学风和文风也都是党的作风，都是党风。”他还专门写作《反对党八股》的文章，讽刺那种“语言无味，面目可憎”的党八股文章，反对像“懒婆娘的裹脚布”又臭又长，从“一、二、三”再到“1、2、3”再到“甲、乙、丙”，“药方”开得绵延无绝期。

文风之弊，古已有之。中国古人深受八股文荼毒。封建时代，统治阶级把八股文作为禁锢思想的工具，这种文章形式异常烦琐，文人战战兢兢，小心避讳，怎么可能写出富有思想性的作品？形式决定内容的八股文不知消磨了多少文人的心血，同时影响了社会风气，僵化了人们的思维。

而在当今社会，在“官僚主义、形式主义、文牍主义”三座大山压迫下，浮夸、虚假、空洞的文风也一度泛滥。时至今日，依然有不少人埋首纸堆，辛辛苦苦爬格子，炮制了无新气的现代“八股文”。有的艰深晦涩，通篇“正确的废话”；有的通篇说教，令人生厌；有的云里雾里，不接地气。本来，写作者的思维往往最活跃、最富有激情，但不良文风成了套在广大写作者身上的枷锁。

文风的不健康，和写作者本人的修养、能力、创新意识有关，也和上行下效、泛滥成灾的时代风气有关。和前人相比，我们的信息更丰富，工具更便捷，码的字越来越多，笔尖却越来越“软”，笔的力量用不到点上，只生产出大量无人问津的八股文。不少写作者在工作之外，偏爱在条条框框限制比较少的新媒体、微信公众号上直抒胸臆，因为说了真话、实话、心里话，写作感受更畅快，也能引起更多人关注和共鸣。

文风是一面镜子，可以照出一个单位的运行效率、一支队伍的战斗力，甚至是一个时代的精神风貌。今天，我们可以从唐诗宋词的“大气磅礴”中看出唐代的昂扬，也能从宋代的“内敛温婉”中看出宋朝的保守。文风也是世风，清末大兴“文字狱”，文风一落千丈，天下读书人“万马齐喑”，社会缺乏创新的活力，国力渐衰。直到白话文运动，整个中华民族的精气神才为之一振。

形式绑架了思想，创新就无从谈起，思想就更无从谈起。八股文压得人喘不过气来，多少本可以在更多领域大展拳脚的人才最后成了材料的奴才，多少本可以用在正道的时间被消磨。有什么样的思想，就有什么样的文风；反过来，好的文风又可以激荡出更多的新思想。在当前大力提倡创新的社会氛围中，迫切需要“意气骏爽”的文风给思想松松绑。

短实新 vs 长空假

大家普遍发现，习近平总书记系列重要讲话，给人耳目一新的感觉，说事实在，说理透彻，语言活泼生动。其实关注一下就会发现，这是习近平同志一向倡导的文风，他早年在《之江新语》一书中指出，好的文章就要“求短、求实、求新”，认为“文风体现干部的能力和水平”。

2010年5月12日，习近平同志在中央党校春季学期第二批学员开学典礼上强调了改进文风问题。他提出：“当前，在一些党政机关文件、一些领导干部讲话、一些理论文章中，文风上存在的问题仍然很突出，主要表现为长、空、假。”这一论断可谓是针砭时弊，很有针对性，结合我们从身边看到的情况不难发现，此类文风确实广泛存在。

长，就是有意无意地将文章、讲话添枝加叶，短话长说，看似面面俱到，实则离题万里。空，就是空话、套话多，照抄照搬、移花接木，面孔大同小异，语言上下雷同，没有针对性，既不触及实际问题，也不回答群众关切问题。假，就是夸大其词，言不由衷，虚与委蛇，文过饰非，不顾客观情况，刻意掩盖存在的问题。

要解放思想，锐意创新，改文风是必由之路。对于以上这些毛病，习近平同志开的药方是：短、实、新。

短——“删繁就简三秋树”。就是要力求简单明了、直截了当，要言不烦、意尽言止，观点鲜明、重点突出。我们党历来提倡开短会、说短话、写短文。早在延安时期，毛泽东同志就对空话连篇、言之无物的文章深恶痛绝，专门写文批判。公文作为一种工作所需的应用文，特别讲求实用性和效率，受众总是希望用最短的时间从文中获得最想要的东西。因此，能够三言两语说清楚的事绝不拖泥带水，能够用短小篇幅阐明的道理绝不绕弯子。“删繁就简三秋树”讲的就是这个意思，好文章有如三秋之树，秋风扫除了“多余”的细枝密叶，更突显出枝干的瘦劲秀挺。明代王阳明推崇文章要“鞭辟近里”“删削繁文”。鲁迅先生也说过：“文章写完至少看两遍，竭力将可有可无的字、句、段删去，毫不可惜。”

当然，提倡短文章也不是说长文章一概不好，内容决定形式，以把事情讲清楚，道理讲明白为原则，宜短则短，宜长则长，篇幅短说不明白的事情则可以长些，有内容、有见解的长文章也是受欢迎的。

《庄子·外篇·骈拇》有这样几句：“长者不为有余，短者不为不足。是故凫胫虽短，续之则忧；鹤胫虽长，断之则悲。”意思是说，长的东西但并不多余，短的东西也不显得不足。野鸭子的腿虽然短，给它接上一截就不太合适；仙鹤的腿虽然很长，却不能给它截去一段。在文稿起草中，特别要避免的是“把野鸭子的腿加长”的文章，避免机械性、形式化的“穿靴戴帽”，提倡文章开门见山，直入主题，用尽量少的篇幅容纳更多的信息量。

毛泽东同志为人民英雄纪念碑起草的碑文，只有一百多字，其中还有四十多字是重复的，却写出了一部最简洁的中国近代史。

三年以来，在人民解放战争和人民革命中牺牲的人民英雄们永垂不朽！

三十年以来，在人民解放战争和人民革命中牺牲的人民英雄们永垂不朽！

由此上溯到一千八百四十年，从那时起，为了反对内外敌人，争取民族独立和人民自由幸福，在历次斗争中牺牲的人民英雄们永垂不朽！

实——“绝知此事须躬行”。就是讲符合实际的话不讲脱离实际的话，讲管用的话不讲虚话，讲有感而发的话不讲无病呻吟的话，讲反映自己判断的话不讲照本宣科的话，讲明白通俗的话不讲故作高深的话。文章要力求反映事物的本来面目，分析问题要客观、全面，既指出现象，更要弄清本质；阐述对策具体、实在，有针对性和可操作性。实事求是，有一说一、有二说二，是则是、非则非，不夸大成绩，不掩饰问题。深入浅出，用朴实的语言阐述深刻的理论。有感而发，情真意切。

文章要写得实，一定离不开亲身体会，离不开调查研究，想方设法掌握尽可能多的第一手材料，相对减少使用第二手、甚至第三手材料，也就是“纸上得来终觉浅，绝知此事须躬行”。只有“躬行”才能“绝知”，只有“绝知”才能写出“实”的文章。毛泽东同志提倡写文章实事求是的基础是要认真进行调查研究，要从生活、从实践出发，真诚地表达自己的心里话。他在《反对本本主义》一文中，曾提出“没有调查就没有发言权”的著名论断，强调“注重调查”“反对瞎说”“一切结论产生于调查情况的末尾，而不是在它的先头”。

1958年12月，正值“大跃进”期间，在“人有多大胆，地有多高产”的口号下，浮夸盛行，“卫星”满天飞，湖南一些地方还出现了亩产稻谷6万多斤、红薯50多万斤的“高产典型”。彭德怀不相信能够亩产几千斤，他回到家乡湖南，先后到湘潭、平江调查研究。他尖锐地指出：“说大话，说假话，一害自己，二害国家，没有一点好处。”平江县委书记终于向他反映了实情：“虚报数字都是上边层层加码压出来的，不管你能不能办到。粮棉加番，钢铁加番，什么都要放‘卫星’，连吃饭都不要钱了。动不动就说你‘右倾’。”彭德怀明白了事情原委，愤然批评道：“什么加码？是逼人说假话。共产主义是干出来的，不是吹出来的。吹出来的天堂是饿肚子的天堂，喝西北风的天堂，不是我们的理想！”

1959年7月，经过深入细致的调查研究，彭德怀写了一份《给毛主席的信》（被称为万言书），陈述了他对1958年以来“左”倾错误及其经验教训的看法，直指“大跃进”的问题所在。在彭德怀给毛主席写信之前，有的同志说：“运动正在风口上，现在谈不是时候吧？”可他说：“对毛主席就是要讲真话，才是对革命负责。”同样，文字工作者勇于坚持真理，善于掌握实情，敢于讲出真话，才是对本职工作的负责。

1959年9月，彭德怀搬到北京郊外的吴家花园居住，他还亲自种了一块实验地，精心播种、浇水、施肥、除草，直到收割。他将收获的小麦一过秤，共90多斤，他对众人说：“就算我照料不好，翻一倍，亩产200斤，顶天了，绝对不可能达到几千斤！”彭德怀以自己的实际行动为“调查研究”“实事求是”做了最好的注脚。

新——“领异标新二月花”。就是力求思想深刻、富有新意。文章能不能写出新意，反映一个文字工作者的思想水平、理论水平、经验水平以及语言表达能力。这里所说的新意，既包括在探索规律、认识真理上有新发现、新认识、新提法，又包括把中央精神和上级要求与本地区、本部门、本单位实际结合起来，在解决问题上有新理念、新思路、新举措；既包括角度新、材料新、语言表达新，又包括文章风格富有个性、特色鲜明、生动活泼。“领异标新二月花”，令人过目不忘的好文章就像是二月里的花，从不赶潮流、媚世风，而是自辟蹊径，一花引来百花开，创造出一片独领风骚的盎然春意。杜甫讲“语不惊人死不休”，也是在一个“新”字上用力。写文章最怕缺乏深刻的独立思考，而流为人云亦云，用各类陈词滥调东拼西凑、移花接木出来的文字，只会是一具冰冷的“尸体”。

需要注意的是，写出新意并不是刻意求新，甚至搞文字游戏，更不能背离客观事实和党的路线方针政策去哗众取宠，同时要注意“新话”的尺度。当今，互联网媒体中出现的所谓“标题党”，正是犯了脱离客观事实偏执于博人眼球的错误。

抗日战争全面爆发后，“速胜论”和“亡国论”甚嚣尘上，为了彻底批驳这两种片面言论，摆脱错误抗战路线的干扰，把全国军民思想统一到“持久抗战、夺取抗战最后胜利”的轨道上来，并为持久抗战提供科学的理论根据，毛泽东决定写一部论持久抗战的理论专著。为了写好这部专著，毛泽东查阅了大量资料，拟定了详细的写作提纲，然后集中精力写作，从1938年5月上旬开始，仅仅用不到10天的时间，5万字的军事理论著作《论持久战》就完成了。毛泽东在《论持久战》中创造性地分析了中日双方相互矛盾的四个基本特点（即敌强我弱、敌小我大、敌退步我进步、敌寡助我多助），做出了中国不会灭亡，也不能速胜，只要经过艰苦、持久的抗战，最后的胜利一定是属于中国的正确结论。他还创造性地预见到抗日战争必将经过战略防御、战略相持、战略反攻三个阶段，强调“兵民是胜利之本”，创造性地指出抗战胜利的唯一正确道路是实行人民战争。《论持久战》一面世，就在国内外产生了重大影响，得到了国民党上层和国际人士积极响应和高度评价，更成为中国共产党领导抗日战争的纲领性文献。《论持久战》之所以成为经典，最突出的地方在于它是一部具有超前认识的创造性著作，它提出了以深刻、科学的哲学分析为基础的创新预见，并被后来的抗战实践充分证明了其完全正确性。今天重读《论持久战》时，会发现与抗日战争的历史完全对应，甚至可以说是抗日战争的总结报告，足见毛泽东的战略才华非同寻常。

二、立意宜高，忌平

为文首重立意。“意”，在现代汉语词典中的解释为心思，为了达到既定目的而自觉行动的心理状态。因此，所谓“立意”，就是树立或者形成这种带有明确目的性的心思，简单说，就是四个字——打定主意。

具体到艺术创作或者文稿起草工作中，立意就是确定想要通过所写的文字表达什么观点，表明什么态度，达到什么目的。特别需要强调的是，立意具有目的性，不但包括全文的思想内容、起草者的构思设想，更包含了作者的写作意图及动机，是主观与客观的统一，其内涵要比主题宽泛得多。

一般意义上所说的主题，是指作品的中心论点及基本观点，立意大于主题，包含主题思想，而主题只是对立意的文本表现，并不能表现立意的全貌。南宋诗人陆游的《示儿》写道："死去元知万事空，但悲不见九州同。王师北定中原日，家祭无忘告乃翁。"从字面上来看，诗的中心意思无非是在向儿子托付后事，但其诗"意"却比这个更加高远，诗人至死不忘国家统一的强烈意愿和深厚强烈的爱国情感，是隐藏在诗作背后的写作意图和动机，也是全诗立意的核心。

意犹帅也

文章的主题、结构、内容、语言等等固然重要，但相较于立意，则统统要退而次之。"意"是文之中心，文之内核，文之主旨，文之灵魂。

古人对"意"格外重视，魏文帝曹丕说："文以意为主，以气为辅，以辞为卫。"苏东坡说："善画者画意不画形，善诗者道意不道名。"王夫之说："意犹帅也，无帅之兵，谓之乌合。"在文学作品中，立意占有极重的分量。一篇文章、一首诗词能否成为传世佳作，往往就决定在立意上。立意高远的文章，任内容姿态万千，语言天马行空，无不随意吞吐，舒卷自如；立意平庸甚至毫无立意的文章，如土牛木马、行尸走肉，虽具备形体，但毫无生气。

从思维程序上说，立意产生在写作之前，是关于写什么和为什么写的一种思考，这就是古人说的"意在笔先"。东晋的王羲之在《题卫夫人笔阵图后》中写道："夫欲书者，先干研墨，凝神静思，预想字形大小、偃仰、平直、振动，令筋脉相连，意在笔前，然后作字。"可见，写字前尚需预先想好字的形状、大小、提笔动作、下笔角度等要素，更何况起草一篇文稿。起草文稿就是对大量材料进行消化吸收、思考沉淀、转化加工、提炼升华的过程，是从感性认识到理性认识的飞跃过程。面对不明朗的主题，面对大量的素材，面对段落的排布，先写什么，后写什么，如何取舍，如何梳理，如何结构，如何串起来形成一个有机的整体？首先是确定基调，也就是立意。定下基调，文章也就有了思想基础。

立意具有先觉性作用，犹如人的头脑统率着整个文章，直接决定着文章质量，是文章的灵魂命脉。因为这一特征，大多数文稿都有起草者的主观倾向，也就是对事物的理解和判断，当然这种理解和判断必须基于事实，必须契合党和国家的方针政策，必须符合事物发展的规律。

从接受者的角度来说，能领悟文章的立意，比只接受文字语言要重要得多。有人说，读书有三个层次，分别是内容、结构和主旨。处在第一个层次的人，眼里只有书的内容，比如对书中某一句话、描述的某一个场景、讲述的某一个故事印象深刻。处在第二个层次的人，除了看到书的内容，更能看到书的结构，比如，他关心书中讲了几部分内容，每部分讲的什么意思。处在第三个层次的人，更关注的是一本书所体现出的主旨，也就是中心思想或者是最重要观点，升华一层，就是核心价值。所谓把书读薄，读成一张纸、一句话，就是抓住了这个中心思想和核心价值，体会到了作者的立意。歌德说过："内容人人看得见，形式对于大多数人是一个秘密，含义只有有心人得之。"就是这个意思。

破题"三字经"

中国文人提倡"文以载道"，这里的"道"也赋予了立意高低的评价标准。一篇文章，凡是给人们传递出正能量的，如"先天下之忧而忧，后天下之乐而乐""富贵不能淫，贫贱不能移，威武不能屈""春蚕到死丝方尽，蜡炬成灰泪始干""咬定青山不放松""天下为公，清正廉洁，克己奉公"等思想，都属于立意高。立意高的文章能启发人的是非善恶观，弘扬人的正气，陶冶人的情操，洗涤人的心灵。相反，凡是给人们传递出负能量的，腐蚀人的思想，煽动不良情绪，弥漫歪风邪气的，则属于立意低。

确定立意，即“破题”，要把握好时、事、势这“三字经”，从而做到有理论高度，有论述深度，有独特角度，能够站位全局，把握趋势，抓住关键，认识本质，洞察规律。

“时”就是当前，就是时代。确定一篇文稿的立意，首先要弄清楚起草文稿的时代背景，做到“为时而著”，在思想上与时俱进，符合时代要求。党政机关和国有企事业单位的公文是为工作服务的，因此，公文所要符合的时代要求就是党和国家的意志，贯彻落实党和国家最新的路线方针政策，这是文稿起草中把握时代要求的第一要件。在此基础上，还要反映出时代对于本单位的特色要求，符合本单位、本行业的发展规律。在实际的文稿起草工作中，要像剥洋葱一样，一层一层在“时”上用力，当前的时代背景是什么？发展趋势又是什么？党和国家有什么最新的指示和要求？当前本单位的专业领域有什么新变化、新特点，呈现出什么新趋势？理论研究有什么新成果？当前本单位领导对文稿涉及的相关工作有什么要求？从文稿起草到文稿使用的这段时间，以上情况会不会发生变化，如果会，是怎样的变化？等等这些，都是在动笔之前就应该想清楚的。

“事”就是事物，是问题，是文稿所要传达的主要信息，是表达作者观点、体现作者意图的重要载体。因此，它是当前思考的中心点和着力点，公文要“为事而作”，全方位、多层次、各角度把事吃透，是准确立意的保障。要起草好的文稿，最重要的不是研究“字”，而是研究“事”。

一是在哲学上系统学习运用前沿理论成果，为当前事物找到开放性、创造性的思维空间和解决路径。马克思说过：“任何真正的哲学都是自己时代精神的精华。”毛泽东同志的议论文章之所以思想深厚、分析透彻、令人叹服，与他对马克思主义哲学基本理论的深入研究与发展是密不可分的。理论来源于实践又能指导实践，没有正确的理论就没有正确的实践，缺乏理论支撑，文章的立意会显得非常苍白，没有高度。文稿起草者首先要学习和掌握一些马列主义及其中国化的最新理论成果，特别是中共十八大以来提出的“社会主义核心价值观”“四个全面”“五大发展理念”

等前沿理论成果。其次要对所在专业领域的理论成果加以学习。比如，作为在经济领域为党工作的国有企业，起草者至少应该掌握一些有关市场经济、财务会计、财政金融、国企改革等方面的基本理论。用这样的一些理论武装头脑，指导写作，从而对当前事物的思考提升高度、拓展广度，提高思维的层次。

二是在逻辑上要严格遵循逻辑思维规律和原理，综合运用归纳推理、演绎推理、类比推理等逻辑思维方式，在逻辑推理基础上为当前事物找出解决办法。任何问题的解决都离不开人的综合思维能力，但人的思维绝不能是随心所欲的，而是要严格遵循逻辑规律。没有逻辑或者逻辑错乱的文章是立不住脚的，也是没有说服力的。假如有一篇公文，主体突出、结构紧凑、内容充实、语言鲜活，但由于犯了逻辑错误而得出了错误结论，那这篇公文就是出现了“硬伤”，即使此前有再多优点，也会被一票否决，变得分文不值。

三是心理上要运用“靶向思维”，善于换位思考，洞察受众心理，以对象为思考“破题”的中心点。具体思考受众是谁？这些人有什么共同特点？用什么样的观点才能引起共鸣？比如起草总结成绩的文稿，就要考虑所讲的事受众是否接受？如果是布置工作的文稿，就要考虑这些工作受众能否办到。有时候，受众可能还不止一类，比如年终工作总结报告，受众既有本单位的员工，还有上级主管单位的领导，还可能有工作上的合作伙伴，这时就要在更广泛的领域进行换位思考，尽可能兼顾到各类受众，使得对“事”的把握更加妥当。

“势”就是趋势，代表事物发展的方向。立意一定要准确把握事物发展的趋势，只有顺应事物发展趋势的立意才有生命力，这样的公文才能正确发挥指导工作的作用，如果违背事物发展趋势，这样的公文则毫无价值，甚至在实际工作中可能产生负面作用。比如，中共十八大提出“使市场在资源配置中起决定性作用”，这就是国家经济运行当中一个大的趋势，是任何市场主体都不可忽视和违背的。习近平同志说：“因事而谋，应势而动，顺势而为。”因事而谋，是指要以当前事物（问题）为思考中心，不要偏离中心；应势而动，是指思维方式上不要墨守成规，要解放思想，创新思维；顺势而为，是指按照事物的发展规律来创新思维，不要随意而为。在经历了30多年的快速增长之后，我国经济进入“新常态”，处在“三期叠加”（增长速度换挡期、结构调整阵痛期、前期刺激政策消化期）的新阶段，不能再沿用过去那种单纯依赖投资和出口拉动经济增长的惯性思维，党和国家根据新情况应势而动，顺势而为，适时部署了“一带一路”“大众创新，万众创业”供给侧结构性改革等新的战略布局，为中国经济注入了新活力，更为中国经济找到了新出路。这些都是文稿起草者应该紧密关注和牢牢把握的一些大的趋势，要深刻领会这些趋势给所在行业、所在单位带来的影响，找到应对的办法，将其思考成果融入文稿起草工作当中。

【例文】

在庆祝某公司成立30周年大会上的讲话
（节选）

公司是在改革开放的大潮中应运而生的，经历了从无到有、从小到大、由弱到强的发展历程。大致可以分为三个阶段：第一个阶段，作为我国第一个全面对外开放的行业，在老一辈工人浴血奋战、以革命加拼命的精神创下的宝贵家底上，开展对外合作，引进、吸收先进技术和管理经验，初步奠定了我国海洋石油工业的发展基础；第二个阶段，按照“油公司集中统一、专业公司相对独立、基地系统逐步分离”的总体改革思路，逐步深化改革，积极创建符合国际惯例的新型管理体制；第三个阶段，以建立现代企业制度为主线，推动多个下属公司在境内外上市，同时大力开拓中下游业务，推进全产业链发展，加快“走出去”步伐，努力提升全球竞争力。

经过30年的发展，公司面貌发生了巨大变化，取得了突出的成绩，主要体现在以下八个方面：

一是初步建立了比较完整的海洋石油工业体系。

二是企业综合实力大幅度提升。

三是形成上中下游一体化的产业格局。

四是现代企业制度的框架初步建成。

五是海外业务得到较快发展。

六是党的建设取得突出成效。

七是传承发展了独具特色的企业文化。

八是培养了一支优秀的干部员工队伍。

30年的历史性跨越，是坚持邓小平理论和“三个代表”重要思想，深入贯彻落实科学发展观的必然结果，是我国改革开放伟大成就的精彩缩影，是中国国有企业群雄崛起的生动写照，充分证明我国改革开放是完全正确的，也充分说明国有企业是完全可以搞好的，经过努力完全能够成为具有较强国际竞争力的世界级企业。

30年来，我们积累了十分宝贵的经验。传承和发展这些经验，对于我们扎实推进“二次跨越”具有十分重要的指导意义。

一是必须始终坚持与党中央保持高度一致，确保公司正确的发展方向。

二是必须始终将发展作为第一要务，一心一意谋发展。

三是必须始终坚持解放思想，实事求是，与时俱进，认真探索和遵循发展规律。

四是必须持续深化改革，强化创新，不断增强公司发展的内在动力。

五是必须始终坚持安全发展和稳健经营，夯实发展基础，努力保障公司的健康可持续发展。

六是必须始终坚持“以人为本”的发展理念，营造和谐稳定的发展环境。

在新的历史起点上，公司的发展承载着党和国家的更高期望，国家部委和社会各界的更深期待，广大员工的更新期盼，这一切归结起来，就是要不负重托、不辱使命，全面推进公司的“二次跨越”，努力建设国际一流的能源公司。

“二次跨越”是公司为更好地服务于国家发展战略的必然选择，也是实现自身发展新跨越、再创事业新辉煌的内在要求。只有大力推进“二次跨越”，我们才能不辜负党和国家及社会各界对我们的殷切期望；才能不丧失海洋石油工业发展的重大战略机遇期；才能把条件优势转化为建设国际一流能源公司的发展优势。

未来20年的发展蓝图已经绘就，“二次跨越”的目标和任务更加明确。能够投身“二次跨越”的伟大事业当中，既是每一个人的荣耀和机遇，更是全体员工的责任和使命。我们要准确把握新形势、新任务和新要求，辨明所处的方位，明确发展的方向，担起肩负的责任，始终保持清醒、奋进、实干的精神状态，增强责任感和使命感，动员起各方面资源和力量，凝聚起全体员工的智慧和才干，全面实施“二次跨越”。

一是要统一思想，坚定发展信心。

二是要顾全大局，服从服务于国家发展需要。

三是要狠抓落实，创造性地开展工作。

四是要团结一致，不断开拓进取。

以上例文是我们为公司成立30周年庆祝大会上主要领导准备的讲话稿。考虑到企业在国民经济中的特殊地位，它的30岁的生日已经不仅仅是一家企业的30岁生日，更是国家海洋石油工业的30岁生日，因此没有简单站在一家企业的层面，而是站在整个国家海洋石油工业的层面，说成绩、谈经验、定目标。所谓“欲穷千里目，更上一层楼”，由于很好地把握了时、事、势，给人立意高远之感。

开篇就在讲一个“时”字。讲话的时点是公司成立30周年的庆祝大会，取得成就的时代背景是中国改革开放的大潮，未来发展的时代要求是

“建设国际一流能源公司，实现海洋石油工业‘二次跨越’，为保障国家能源安全和促进国民经济平稳较快发展做出新贡献。”从过去到将来，全文都步步紧跟时代要求。

全篇大的方面讲了三件“事”。第一件事是企业过去30年取得的成就，也就是第一次跨越；第二件事是过去30年发展所积累的经验；第三件事是未来20年的发展目标和任务，也就是“二次跨越”。在每一件事内部，又分成若干件小事进行更加透彻的阐述，比如对于30年来的发展成就分别从八个方面做出总结，使得更加全面、具体、充实，自然令人信服。

在成立30周年的关键时刻，例文对“势”（企业的发展趋势）有足够深入的认识，“必须始终将发展作为第一要务，一心一意谋发展”“‘二次跨越’是公司为更好地服务于国家发展战略的必然选择，也是公司实现自身发展新跨越、再创事业新辉煌的内在要求。只有大力推进‘二次跨越’，我们才能不辜负党和国家及社会各界对我们的殷切期望；才能不丧失海洋石油工业发展的重大战略机遇期；才能把公司的条件优势转化为建设国际一流能源公司的发展优势”。正是基于对趋势的准确把握，应势而动，顺势而为，全文的立意才显得水到渠成。

立意要“四思”

在把握好时、事、势这“三字经”的同时，具体到某一篇文稿的起草过程中，还要养成动笔先立意、立意要“四思”的习惯。

首思高度，就是从理论、政策层面分析问题，在全局中审视事物，在大的趋势中判断事物。所谓“登泰山而小鲁”，只要心系全局、心系大势思考立意，事物自然看得更全面，问题自然看得更透彻，整篇材料自然具有了思想性和指导性。所谓“不识庐山真面目，只缘身在此山中”，立意时如果仅仅就事论事，不跳出原有层面，则会陷入当局者迷的困境，文稿的立意自然平庸。

再思深度，就是对问题的思考深入独到，对事实分析到位，能揭示事物本质及内部规律，包含深刻的思想意义，观点具有哲理性、理论性，能启发受众思考，扩展受众思路。假如对事物的思考浮于表面，不能深入，仅仅是泛泛而谈，文稿的思想性便大打折扣。要做到有深度的思考不是一朝一夕能办到的，深度要以广度为前提，需要长期坚持积累和勤思考，多读、多听、多学，博览群书，博采众长，让肚子里装满“墨水”，站到巨人的肩膀上。

三思角度，就是抓住最能说明事物本质特征或最能反映事物真正价值的角度，给人耳目一新的思想启发，做到“从意中所有，从语中所无”。同一个意思可以用多种方式来表达，同一个问题也可以从多个角度来分析和提出，要写好一篇文稿，如何选取最佳角度是非常重要的，角度抓得好，文稿一起笔便能引人入胜，能显示出不同一般的见解。一般而言，选角度要“新”，就是不落俗套。有些文稿一看就很熟悉。这除了材料陈旧之外，主要是写作角度不新，无法议论出新意来。对同一个问题和事物，从不同的角度去阐述，体现的见解是不一样的，背后是认识水平和思想水平的高下。只有从新的角度观察事物，才能发现事物新的特点；从新的角度分析事物，才能获得对事理的新认识。当然，在选取恰当角度时，要防止为一味求“新”而“跑题”，对谁是芝麻、谁是西瓜的问题要有清醒认知。

四思尺度，就是要符合尺度，不能过，也不能不及，要尽可能不偏不倚，做到得体。比如运用材料的多寡、详写略写的安排、藏锋露锋的处理等都要适度。材料多了容易搅乱主题，少了又不足以说明问题。详略安排不当显得把握不住重点，眉毛胡子一把抓，捡到篮子里都是菜，甚至是头重脚轻。遣词用句上，藏锋露锋处理失当，就会产生负面效果。比如工作总结中查找问题，问题点得轻了，没人当回事儿，说了等于没说，起不到任何警示作用；问题点得重了，又可能打击到某些部门、某些同志的工作积极性。所以，做到适可而止，是在立意时就应该思考的问题。

【例文】

全球能源格局变迁与能源的可持续发展

——在中国发展高层论坛2013年会“重塑中的国际能源格局”单元上的发言

能源是人类社会赖以生存和发展的重要物质基础。当今世界，由于能源的基础性作用及其与地缘政治和金融活动的密切联系，它已成为世界经济体系变动的“风向标”和“晴雨表”。全球能源格局的变迁深刻地反映和影响着世界战略格局的演进。纵观当前和今后一个时期的国际能源格局，我认为将呈现以下四个特点：

第一，全球油气生产西移和消费东移的趋势更加明显。近年来随着技术不断进步，加拿大的油砂、美国的页岩油气、委内瑞拉的超重油等非常规油气资源开始突破它的经济和技术界限，产量快速上升，西半球在世界油气生产中的地位越来越重要。与此同时，随着中国、印度等新兴经济体的发展，位于东半球的亚太地区已经成为世界最重要的油气消费地区。

第二，美国谋求“能源独立”取得重大进展，正在深刻影响全球的能源格局。近年来，随着近海油气田的开采，特别是以页岩气为代表的非常规油气的成功开发，加上能源使用效率不断提高，借助于油气供需两端的变化，美国综合能源自给率从2005年的69%上升到2011年的81%，“能源独立”战略由此取得了新进展。这不仅为美国找到了一条可持续发展的能源安全路径，也正在深刻改变全球能源、经济乃至地缘政治版图。

第三，全球剩余油气储量十分丰富，未来油气勘探开发潜力巨大。在经历了百年油气勘探历程后，全球待发现的常规可采油气资源仍然高达2425亿吨油当量，已发现的油气田未来储量增长潜力也十分可观。同时，非常规油气开发的技术也在逐步完善和推广，因此“石油高峰论”目前来看可能还有点问题。

第四，应对气候变化成为全球共识，能源革命初显端倪。近年来，以全球变暖为标志的气候变化日益引起关注和重视，越来越多的国家加入应对气候变化的行动当中，一场以绿色低碳为特征的技术革命和产业革命正在悄然降临。气候变化问题的核心是能源，应对这一挑战需要一场深刻的能源革命。

当前，由新兴经济体引发的全球新一轮工业化浪潮带来对能源的巨量需求，引起了人们对资源和环境承载能力的担忧。我们认为，快速增长的能源需求和应对全球气候异常变化带来的严峻挑战并不是传统化石能源的末路。相反，依靠创新的力量，依靠科技的进步，提高能源使用效率，构建可持续发展的能源供应链，传统化石能源必将得到更加充分和高效的利用和发展。

中国是一个发展中大国，也是世界能源生产和消费大国，中国的能源供应主要立足于国内，多年来综合能源自给率始终保持在较高的水平。过去30年以来，中国以较低的能源增长速度支撑了国民经济的快速发展，为促进世界经济的繁荣、保持能源安全格局做出了贡献。从现在起到2020年是中国全面建成小康社会的关键时期，中国将加快推进产业转型升级，提高能源、资源的利用效率，构筑稳定、经济、清洁、安全的能源供应体系。

作为中国重要的能源公司之一，我们自成立之日起就一直致力于为中国的经济发展提供更充分的能源供给，同时始终坚持在对外合作中发展壮大。我们主要做了四个方面的事：

第一，通过增加勘探投入、提高技术水平来增强资源供应的能力。第二，积极发展清洁能源，率先把LNG（液化天然气）引入到国内，在中国沿海建立天然气“大动脉”，发展LNG电厂、民用燃气等业务。第三，深入开展国际合作，坚持互惠互利、诚信双赢。第四，大力加强节能减排工作，在企业发展的同时，推动发展方式的转变，与自然和谐相处。

女士们，先生们：

世界能源格局从未像今天这么复杂多变，而人类社会也从未像今天一样休戚与共，企业从未像今天这样持有共同的价值理念。能源是全球性的问题，在经济全球化的条件下，世界各国的能源供需和能源安全相互依存，绝大多数国家都不可能离开国际合作而保障能源安全，因此我希望我们能加强合作来解决全球的能源问题。

以上例文是我们为公司领导在一场全球性高层论坛上准备的讲话稿，虽然仅有短短的1600多字，但在立意上较有特点，既准确地表达了对全球能源格局的深刻洞察，又恰当地表明了企业的理念和立场，传递出了推动行业可持续发展的信念和诚意。

在高度上，讲话的场合是一场全球性的中国发展高层论坛，演讲者既是企业的高管，也是行业中的商业领袖，这就要求立意首先要有高度，不能局限于一家企业的视野。例文从“全球能源格局变迁与能源的可持续发展”这样具有全球视野的题目出发，从人类社会、国际经济体系、全球能源格局、世界战略格局这样的高度谈起，符合演讲者的身份和当时的场合。

在深度上，一个以全球能源领域业内人士为主要受众的国际高层论坛，决定了对所谈能源问题要有深入的研究，必须触及能源问题的内在本质。例文体现出对全球能源问题深入独到的思考，总结了国际能源格局的四个特点（全球油气生产西移和消费东移的趋势更加明显；美国谋求“能源独立”取得重大进展，正在深刻影响全球的能源格局；全球剩余油气储量十分丰富，未来油气勘探开发潜力巨大；应对气候变化成为全球共识，能源革命初显端倪），得到与会行业人士的认同。

在角度上，最能反映能源问题价值的就是能源对人类的重要作用，例文正是选取这一角度切入，运用“重要物质基础”“密切联系”“风向标”“晴雨表”等一些词汇，反复强调能源问题对人类的重要性，从而准确把握了国际能源问题的本质，一开篇便抓住了受众的注意力。

在尺度上，例文不但对于整个篇幅控制得非常合理，而且对于国际、中国和企业三个主体的内容布局和篇幅把握较为得当。谈论的是国际能源问题，自然要把主要笔墨花在全球能源格局上。中国是世界能源生产和消费大国，中国对世界能源安全做出的贡献不能不提。与此同时，发言的主体是这家企业，并且这家企业是中国重要的能源公司之一，借此机会用200字点出企业对国家能源供给所做的努力，既切合全篇的主题，又使企业得到国际关注，尺度把握得当，构思巧妙。

在掌握了“三字经”和“四思”的立意要旨后，我们可能还会经常遇到这样一种情况，就是立意时，头脑中的“货”太多，出现很多思路，想到很多观点，发觉很多意图。这时，就要多问几个为什么，深入思考研究，反复比选，优中选优。王国维有一个“三境界说”，第一重境界——“独上高楼，望断天涯路”。这是指一种独立思考直到穷尽的状态。无论是领导的指示、积累的经验、过去的范文，文稿起草者自己的思路绝不能就此被死死框住，不敢越“雷池”半步，而是要在这些基础上，调动自己的知识积累和思维能力进行拓展、延伸和完善，充分运用独立思考能力发掘新亮点，这才是文稿起草工作真正的价值和乐趣所在。第二重境界——“衣带渐宽终不悔，为伊消得人憔悴”。这是指思考非常深入，以致达到思虑过度的状态。文稿起草者要敢于思考，善于思考，既要掌握“已知”，又要探求“未知”，更要在“未知”中不断深入，发扬打破砂锅问到底的精神，以揭示事物本质及内部规律，带着问题层层深入。第三重境界——“蓦然回首，那人却在，灯火阑珊处”。这是指在以上两种思考达到一定程度后，突然间开窍，找到思路。类似于从“渐悟”不断积累，直到“顿悟”的状态。这个时候，好的立意往往就已经喷薄而出了。

三、主题宜明，忌杂

主题是通过文本载体所表达出来的明确意图、基本意见、主要观点，是公文目的的具体体现。主题也叫中心思想、中心意思、主题思想、主旨，如果是议论性的文章，还可以叫作中心论点或基本论点。主题是统领全篇文章的总纲，我们常说的“传达贯彻讲话精神”，其实就是指文件的主题。

起草重要文稿，都必然要经历提炼主题和深化主题的过程。提炼主题，就是从芜杂的现象中找出最有归纳性、最周延、指向明确的表述；深化主题，就是向纵深层次开掘扩展，由低向高、由浅入深、由粗到精，由残缺到完整，最终确立文章的主旨。

题好一半文

主题是否明确，提炼得是否精准，内涵和外延是否有足够的深度和广度，直接关系到文稿的质量。

主题决定着材料的取舍。对于文稿中涉及的某个事件、某个问题，通过各种方法途径，我们往往能够获得十分丰富的事实材料和观念材料。这些材料，有的深刻，有的肤浅；有的完整，有的散乱；有的清晰，有的模糊；有的典型，有的一般。那么，哪些材料应该选用，哪些应该舍弃？哪些材料详写，哪些材料略写？这一切，都要根据主题的需要来做决定。

主题支配文稿的结构布局。表面看起来，主题是内容，结构是形式，但是二者有着极其紧密的联系和内在统一性。例如，主题作为一个思想认识，它如果呈现纵向深入的形态，文章必然要安排成递进式结构，否则无法很好地表现主题；它如果呈现横向拓展的形态，文章必然要安排成横式结构，否则也不可能有效表达主题。

主题制约着文稿的表达方式。上一章已经讲过，公文写作的表达方式，主要用到叙述、议论和说明，摆事实用叙述，讲道理用议论，作解说用说明。这些表达方式，实质上都是表现主题的手段。摆事实是用客观存在的事物证明主题；讲道理是用判断、推理的方式来揭示规律；作解说是用科学知识来证明主题的正确性。一个特定的主题，必然要求有相应的表达方式来表现。

主题影响着文章的遣词造句。古人有“言授于意”的说法，意思是语言的运用要由思想内容来决定。一方面，思想要以语言的方式存在，没有词汇，就没有概念，没有语句，就没有判断和推理。另一方面，语言是思想的直接现实，是思想的物质外壳，有什么样的思想，也就必须用与之相应的语言来传达。

船老大多了要翻船

正确是对文稿主题的基本要求。所谓正确，就是符合客观世界的真实情况和客观规律，能够肯定先进，否定错误，把握现实，预测趋势。深刻是对文稿主题的高标准要求。文稿的主题不能停留在表面现象的判断上，而应该揭示事物的内在本质，反映事物的内部规律。应该站得高、看得远，见人之所未见，发人之所未发。

在以上两点要求的基础上，对主题最重要的要求就是“明”。这里所谓的明，有三层意思。

一是一篇文稿只能有一个主题。这是构思主题时容易忽视的，因此必须牢记。一个主题或者一个中心论点下，可以有分论点，可以形成不同层次的组合结构，但绝不能有两个以上并立的主题，所谓“意多乱文”“船老大多了要翻船”，就是这个意思。如果的确需要在一篇文章中表达两个或三个论点，那么，必须进一步地提炼概括，把这两个或三个论点放在另一个中心论点的统领之下。总之，主题必须明确，一篇文稿只能有一个主题。

2014年我们准备公司年终领导干部会议时，就遇到这种情况。按照往年惯例，每次会议都会选择一个主题进行集中深入研讨，以达到统一思想、凝聚共识、推动工作的效果。在构思2014年工作报告的主题时，结合实际工作和形势任务，有三个重要议题可供选择。一是借对已连续两年开展的管理提升活动进行总结的契机，重点强调持续提升管理的问题。二是在党和国家大力推动国有企业改革的背景下，对深化企业改革进行研究和部署。三是突出强调公司发展的质量和效益，因为这在当时是公司发展面临的主要矛盾。可以说，在当时的情况下，这三个议题都很重要，不可偏废，但一个报告不可能同时有三个主题，这不符合主题要明确、集中的要求。在这种情况下，就要分析三者之间的逻辑关系，找出主线，理清脉络，确定核心主题。经过认真分析研究，我们认为这三个议题之间其实存在着紧密的逻辑关系，提升管理、降本增效、改革创新，可以说是公司面临的三大主题，形成了“三位一体”的整体结构。简单地说，通过降本增效提高质量、效益与竞争力，是企业追求的核心目标；通过加强管理提高科学化管理水平，是实现这一目标的路径；通过改革创新增强企业活力，则是实现发展目标的根本动力。基于以上的认识，这次会议的主题明确为“持续提升管理，深化改革创新，全面提高公司发展质量和效益”，这样既做到了主题集中，又论述全面，能够对公司面临的核心议题和重点工作做较为深入的阐述。

二是构思上要鲜明地突出主题。构思主题时要做到：思路必须清晰，主旨必须单纯，议题必须集中，态度必须鲜明。有了鲜明的主题，文章就紧凑而鲜亮；没有鲜明的主题，文章就散乱而黯淡。构思主题时来不得半点含糊和模棱两可，否则就容易在动笔时出现“跑题”。主题鲜明是文稿结构清晰、论证翔实的基础。主题越突出，思想性就越强，文稿的生命力就越强。比如，魏巍在《谁是最可爱的人》中写道：“谁是我们最可爱的人呢？我们的部队，我们的战士，我感到他们是最可爱的人。”作者用直抒胸臆的方式鲜明地表达了文章主题。再比如，某国有大型企业在召开海外业务座谈会时，其会议讲话稿的标题就是“创新管理，突出效益，实现公司海外业务发展的新跨越”，就一句话，紧扣会议内容，清晰、鲜明、简要地表明这次会议的主题。

三是语言上要直陈主题。公文不能像诗歌一样，遣词造句追求含蓄之美。也不能过分地追求语言辞藻，忽视了主题。一般不用“可能”“也许”“大概”等词汇。从逻辑上说，一般用实然和必然判断，而不能用或然判断。比如“加大项目开发力度可能是我公司提高市场竞争力的良好途径”，“可能”二字就带来了问题：到底加大项目开发力度是不是提高竞争力的良好途径呢？执行单位到底要不要加大项目开发力度呢？一句话的主旨不明确，尚且给工作造成这么多困惑，何况是整篇公文的主题表述不清呢？因此，公文在表述主题时，讲究直截了当地点明，不隐藏、不含蓄、不寓托、不渲染。提出的意见或观点明确而肯定，提倡什么，反对什么，应该怎么做，不准怎么做，都要描述清楚，明明白白。

如何确定主题

确定文章主题是一项富于开拓性的工作，要善于学习，具备较强的思想理论功底、政策水平、战略思维能力、综合分析能力、推理能力和判断能力。可以从以下几个方面入手。

一是细化领导要求，就是领导想要我们讲什么。领导意图与要求的最初表现形式是比较复杂的，有的十分明确，有的仅是个倾向，有的比较零碎，个别情况下还有意见分歧。因此，要对其进行提炼、深化处理，形成一个正确的集体意见。在这个深化过程，**首先是充实完善。**调动各种手段，综合运用多方面知识，查漏补缺，慎重恰当地处理，合理地加以吸收、集中，把不确定地确定下来，把不一致的地方进一步调整充实，使领导的思想火花和片断式的工作要求逐渐成为完整、严谨、系统的思想体系，从而比较全面、完整、准确地体现领导意图，保证讲话稿质量。**其次是凝练提高。**对领导的意见，不能听一就是一，机械呆板地“照单全收”，而是要把不必要、不完整地加以剔除，把不清楚的问题思考后讲清楚，把感性的内容上升为理性的内容，经过再思考、优化、提炼，再整合到领导思想体系中。比如这样的句子：“班子不团结，就会伤了同志间的感情，就会经常出现磕磕碰碰的事情，就会搞得下面无所适从，就会损害班子形象，就会带来严重不良后果，必须引起我们的高度警觉。”这句话如果提炼出主题，就是“班子不团结是削弱班子战斗力的隐患，是危害事业发展的毒瘤”，这就显得凝练、理性、鲜明了许多，完全可以作为一篇文章或一个段落的主题。**第三是延伸挖掘。**分析领导思想的发展趋势，主动深化领导的意图，然后顺着领导的思想脉络，弄清楚领导想要表达什么主题，为什么想表达这样的主题，要达到什么目的，按着这个趋势拓展思路、延伸思维，从而研究挖掘出更新更深的东西。这种延伸挖掘不是随意的，而是从工作需要出发，从客观事物发展变化的实际出发，有所突破和创新，从而保持对工作的最佳导向力。

比如，2015年公司年终领导干部会议在讨论确定主题时，我们与公司主要领导进行了沟通，结合当时的形势和背景，全面从严治党是一项重要任务，而作为国有企业，要积极贯彻落实党和国家的一系列重要部署，主动融入国家战略，承担好自身的三大责任（经济责任、政治责任、社会责任），与此同时，还要进一步明确公司的战略目标，为全体员工树立愿景。建设国际一流能源公司是公司一贯的追求，但在新的历史条件下，需要适应新的形势和要求，为既有目标赋予新的内涵。经过讨论，提出了“建设有中国特色的国际一流能源公司”这一命题，并因此将报告的主题确定为“认清新形势、承担新使命、打造新作风，为建设有中国特色的国际一流能源公司而奋斗”，这样既契合形势任务要求，又有一定的高度，也清晰地展示了公司的发展目标，主题突出而鲜明。而对于有中国特色的国际一流能源公司这一新的提法，如何界定其内涵与特征，让广大员工能够接受并认同？领导认为，有中国特色的国际一流能源公司“特”就特在坚持党的领导上，这是国有企业的鲜明特色，也是政治优势。什么样的公司算得上国际一流能源公司？领导认为，至少要具有国际化、市场化以及具有包容和谐健康的企业文化等特征，并且有着可描述和可量化的目标。根据领导的这些意图，我们进行了认真思考研究和讨论，结合领导一贯的思路和平时接触到的思想火花，加上对国际一流能源公司深入研究，最终在报告中对这一新提法进行了较为系统的阐述。界定了有中国特色的国际一流能源公司四个方面的基本内涵，三个方面的主要特征（国际化经营、市场化运作、人文化管理），四个方面发展目标（具有可持续发展的产业链群；具有国际一流水准的经营绩效；具有健康和谐包容的企业文化；具有高度的政治责任感和突出的社会贡献）。这样就把一个一开始不太清晰和完整的意图经过充实完善、凝练提高、延伸挖掘，不断丰富和提升，使之成为一个内涵丰满、指向鲜明、逻辑严谨的主题。

二是对客观事物再认识，就是现实条件和客观事实支持我们讲什么。主题是通过对客观事物进行分析研究、对材料进行消化处理而提炼出的，各种材料与主题内在关联度的高低，对形成主题有很大影响。比如，起草一个单位年终总结，从各个部门、各个线条收集到的材料一致表明，今年该单位的工作做得不是很好，各项目标任务完成欠佳。那么，这些材料就不支持确立一个完全正面的、肯定工作的主题。如果要想确立一个正面的主题，就需要进一步收集到支持该主题的材料。胡乔木同志曾告诫机关的同志：“写文章用材料是为了说明观点，文章写出来叫大家看不清楚，就是不鲜明，就是材料与观点没有联系好，每个观点应该接着有事实作证明，不能证明观点的事实不要用。”可见，主题的确定势必要受到材料的影响，这也是在确立主题时对客观事物的尊重。

一般来说，事物的客观本质最能揭示主题，而事物的本质及其内在规律常常蕴含在深层次里，因此对材料要进行分析综合、概括抽象，向深处开掘，经过一个去粗取精、去伪存真、由此及彼、由表及里的过程，透过现象找出事物最主要、最深刻的本质意义，以此确定文稿的主题。这有点类似高考中的材料作文，通过阅读几段材料，从中领会出一个合理的主题，自己命题写一篇文章。当然，这不但对作者再认识能力有一定要求，还要求有一定的悟性和灵性。

有些时候，通过认识客观事物，分析现有材料，会觉得有多个主题可供选择，而且这些主题又是相互关联、缠杂不清的，这就要深刻分析它们之间是什么关系，哪一个是最重要、最核心的，找出中心议题，确定总论点，以点带全局，分论点从属于总论点、为主题服务。既不要全面出击，泛泛而谈，杂乱无章，也不要片面强调小角度，剑走偏锋，把思路限制得过小过窄。

比如，有一年公司召开开发技术座谈会，研讨如何对油气田进行有效开发，提高地下储量的动用程度，提高生产油气田的效率。这是一个非常专业的会议，因为是公司的核心业务，也是一个规格很高的座谈会，公司的主要领导出席并讲话。在承担这项文稿起草任务时，要确定主题，首先要对这方面工作有深入的了解，在掌握工作现状、存在问题等基础上才能准确把握。为此，我们参加了座谈会前的准备会，与专业人员进行深入的交流和讨论，听取了相关的几十个报告，并查阅了大量的历史资料，逐步对开发生产工作有了一定的了解，并基本摸清了现状和问题，对形成制约和阻碍的瓶颈问题有了更清晰的认知，对工作思路和措施也有了更明确的想法。在此基础上，经过与专业技术人员、技术管理人员、职能部门进行深入沟通，并听取业务领导和主要领导的意见，初步的想法轮廓逐步成型，主题也就呼之欲出了。由于做了大量扎实细致的基础工作，使主题确定有了较为坚实的基础。最终确定主题为“求实创新，奋发进取，努力开创开发生产工作新局面”，在报告中对新局面提了七个方面的要求：解放思想，大胆探索，推动创新要有新意识；坚定信心，统筹规划，制定产量目标要有新思路；科学攻关，突出技术，加快未动用储量开发要有新突破；精细管理，精心操作，油气田稳产要有新举措；发展海外，进军深水，产能接替要有新进展；夯实基础，强化监管，安全环保管理要有新提升；崇尚事业，鼓励成才，人才队伍要有新面貌。可以说，这个报告从主题到具体内容，都是建立在客观事实的基础上的，具有扎实的基础，因而对工作有较强的指导性和针对性。

三是完善措施策略，就是具体工作需要我们讲什么。公文是为现实服务的，是为具体工作服务的。文稿主题的确定更要考虑具体工作的需要，不能抛开实际问题，照搬照抄上级精神，为了确定主题而确定主题，那就成了形式主义，成了“空对空”，成了“文件落实文件”，这样确定的主题因为脱离了实际具体的工作，而显得黯淡无光。

大的战略目标的贯彻离不开具体问题、具体事件、具体政策和具体措施。深化主题，要注意把握普遍性与特殊性对立统一，要把大的路线方针政策与自身实际相结合，提出现实、明确、具体的工作措施，以此为依据确定恰当的主题。务虚，就要把话说在点子上，一针见血；讲实，就要说清楚怎么办，拿过来就能操作。比如，中央下发的一份文件把“以人为本”作为主题，具体到乡镇一级政府在宣贯精神时，就要考虑落实“以人为本”，拿出具体工作措施，这类公文的主题就可以结合乡镇具体的扶贫、医疗、捐赠、社会保障等工作来确定，拿出一个“接地气”的主题，切忌在半空里论过来、议过去。

比如，2013年公司召开海外工作座谈会，在研究主题报告时，如何确定主题也是一件难事。由于海外工作非常复杂，而且大部分员工比较陌生，什么样的主题最能反映海外工作的现状，最能揭示海外工作面临的困难和问题，最能指导接下来的工作？经过认真调研了解、深入研究，我们掌握了海外业务的基本情况，并摸清了存在的最突出问题，一是由于海外业务的特殊性，以及所处经营周期的原因，总体盈利能力还不强；二是由于公司的国际化水平还不高，在海外业务的管理上还有很多不顺畅的地方。这样，报告的主题就有了明确的方向，因而将其定为“创新管理，突出效益，实现公司海外业务发展的新跨越”，凝练、鲜明，言之有物，言之有方。

标题处理方法

主题的直接呈现就是标题。一篇文稿有主标题、副标题，有次级标题、小标题，还有主旨段、主旨句，这共同构成主题的完整表现形态。标题是为主题服务的，它呈现主题，细化主题，使主题贯通全篇。长期从事文字工作的大手笔都有这样的体会：写文稿相当大的精力是放在标题制作上的，需要反复琢磨，反复推敲，反复修改，才能更好地突出主题。同样，有经验的领导在改稿时也会把注意力聚焦在标题上。

标题的写法一般要求**概括、简明、新颖、对称**。概括就是要能总领全篇内容和主要思想观点，始终紧扣主题、围绕主题、呼应主题。1978年12月13日邓小平同志在中共中央工作会议闭幕会上的讲话题为《解放思想，实事求是，团结一致向前看》，高度概括了会议精神，乃至成为当时的时代精神；简洁就是要用最简洁的文字，遣词用句高度精练，标题过长、过琐碎是大忌。如“高举邓小平理论伟大旗帜，坚持党的基本路线一百年不动摇，解放思想，大胆创新，努力把我市两个文明建设推上一个新台阶”，这就不像是一个标题，而是几句凑在一起的话，给人散乱的感觉；新颖就是要有富有吸引力和感染力，能够使人眼前一亮。例如，一篇反“四风”问题的对照检查材料，取标题为“对着‘明镜’正‘衣冠’”，既符合对照检查材料的主题，又形象生动；对称就是要与内容相吻合，标题正好概括了全篇的全部内容，这就像做帽子，尺寸必须与脑袋大小一致，既不能“帽大于头”，也不能“帽小于头”。一篇谈经济工作的公文，取了类似于“推动各项工作有质量有效益发展”的标题，就是“帽大于头”。相反，一篇讲全面工作的公文，标题取为“实现我市经济又好又快发展”就是“帽小于头”，都是不合适的。

主标题，常见有三种写法：**一种是体现讲话场合及讲话内容的叙事性标题，**主要用于小型会议、一般性工作会议或公务活动。比如，《在全省安全生产工作会议上的讲话》《在全市防汛抗洪总结表彰大会上的讲话》《在“三严三实”专题教育工作启动大会上的讲话》等，都属于这一类标题。**另一种是体现会议主题及讲话内容的观点性标题，**主要用于庄重场合或大型会议、大型活动。如党代会报告、工作会报告。这类标题往往在后面加设副标题，说明什么场合、谁的讲话。比如，《创新管理，突出效益，实现公司海外业务发展的新跨越——在总公司海外工作座谈会上的总结讲话》《深化改革，苦练内功，全面提升核心营销能力——在公司2015年度工作会议上的主题报告》等。**还有一种是固定标题。**如各级人代会上的政府工作报告、法院工作报告、检察工作报告，企业的职代会报告，从中央到地方，沿用几十年不变，成为一种法定标题。

正文中各个部分的大标题，通常有三种基本写法：**一是用“要”字统领各标题。**比如：（一）要深刻认识创新驱动发展战略；（二）要正确把握创新驱动发展战略；（三）要全面贯彻创新驱动发展战略。这种写法的优点是，标题所显示的观点简洁明了，语句短促有力，各部分之间的衔接也很紧密，整个文章显得很紧凑。但这种写法更适用于非主题报告的强调性讲话，而且在论述各部分中的观点时不宜太展开，而要用高度概括性的语言来进行简明扼要的阐述，体现这种简短有力的文风优点。如果文章篇幅不长，可以不用序号隔开，而是用“是”统领几个标题。比如，在企业管理现代化优秀成果交流会上的讲话的几个标题：一是提高思想认识，高度重视管理创新工作；二是认真总结管理经验，形成一批优秀管理成果；

三是加强成果宣传推广与应用，营造良好氛围；四是构建管理创新的长效机制，全面提升管理水平。**二是用不带观点的陈述式短语作标题。**比如：（一）关于2015年工作；（二）当前形势分析；（三）2016年工作部署。或者：（一）科技创新工作进展；（二）存在的突出问题；（三）下阶段工作思路和安排。**三是用带观点的祈使句作为各部分的标题。**比如，党建工作座谈会的标题：（一）加强思想建设，凝聚共同理想信念；（二）加强组织建设，发挥党组织政治核心作用；（三）加强作风建设，始终保持优良传统；（四）加强反腐倡廉建设，营造风清气正发展环境；（五）加强制度建设，提升企业治理规范化水平；（六）加强党务工作者队伍建设，不断创新工作方式方法。这种写法是最常见的，便于在各部分中装进较多的内容，充分展开来讲。

以上几种都是带有序号的写法，还有一种不带序号的写法，即标题置于文中，以变换字体和空格提行来体现。比如，讲话一开始就申明全文要讲“三个问题”，接下来第一个问题讲发展，第二个问题讲改革，第三个问题讲队伍，依次讲述。这种写法使整个文章显得浑然一体，层次划分不露痕迹，适用于篇幅较短小的讲话。

正文中的二级、三级标题，是为各部分大标题服务的，或作解释说明，或作进一步论证，构成一种总说与分说、总论点与分论点的关系。纵观各类讲话，以下四种方式比较常见。**一是用一个“字”或“词”统领各标题。**比如用“抓实”：（一）抓实干部队伍建设；（二）抓实基层组织建设；（三）抓实党风廉政建设。再比如：“突出××××”（布置工作），“在××上下功夫”（提出措施），“始终坚持××××”（总结经验），“新进展、新步伐、新突破、新亮点……”（总结成绩），这种写法易于掌握，也便于理解和记忆，但不可多用、滥用。**二是提炼小观点作为小标题。**这种方法使用得好往往令人耳目一新，印象深刻。比如在谈产业发展问题时，用“上游主业地位更加凸显，中下游产业布局基本完成，专业服务发展能力不断提升，产贸融协同效应初步显现”这样四个句子做小标题；在谈党的建设时，用“作风建设取得明显成效”“反腐倡廉工作深入推进”“党建工作创新积极推进”“干部队伍建设成绩显著”四个小观点作为小标题。**三是用一个词或词组概括段落大意，再用内涵界定或扩充的方法作小标题。**如“总体思路”“发展目标”“基本原则”等。这个要适合特定内容才用。**四是用于上下文自然承接而又能准确概括该段大意的句子作标题。**比如，在“三严三实”党课材料中，谈到落实“三严三实”的实践要求时，用了四个标题：正心修身，锤炼“三严三实”的政治品格；正风肃纪，落实“三严三实”的作风要求；正道善为，遵循“三严三实”的行为标尺；正己化人，恪守“三严三实”的做人准则。看似漫不经心，实则刻意为之，比较巧妙，但不易掌握。

上面总结的是一些常见的标题处理方法，实践中要灵活运用。比如即席讲话，要多用观点性标题，且语句要简短，以便听者理解和记忆。在同一个领导的不同讲话中，制作标题的方法也要穿插使用，以免雷同，形式呆板。

要注意的是，有些标题四言八句对仗很工整，但由于过于追求对仗，往往与内容不太相符，词不达意，这也是写文章的一个大忌。比如，“农业稳市，工业强市，三产旺市，改革活市”，后两个“旺”和“活”的动词，用得明显过于牵强。另外，标题的首要任务是要确切概括所表述的内容，形式要服从内容，不要以辞害意，削足适履。

文稿每段内容第一句话的提炼也很重要，它既是承上启下的过渡，也是全段内容的提要。首句、起句具有类标题性质，是标题的拓宽和延展，能起到总体概括作用，有了这样的“段旨句”，一段文字要说什么事情、有什么结论就一目了然，就能减少很多交代性、说明性的文字，使文稿更精练。因此，在起草文稿时，应有意识地把每段的首句当作标题来认真琢磨。

【例文】

改革求生存 创新谋发展

用五大发展理念开启"十三五"新征程

——在公司2016年工作会议上的报告（内容提纲）

（2016年1月11日）

一、"十二五"发展情况回顾

"十二五"期间，公司牢牢把握我国经济社会发展的重要战略机遇期，以"二次跨越"发展纲要为指引，紧紧围绕"十二五"规划确定的目标，有效应对世界经济疲弱态势和"十二五"末期国际油价下行挑战，锐意进取，奋发有为，在能源保障能力、产业价值链、国际化经营、产业转型升级、现代企业制度和软实力建设等方面取得了优异成绩。

（一）油气供应能力显著增强，推动公司整体实力和社会影响力迈上新台阶。一是油气资源保障能力显著增强。二是对经济社会发展贡献持续增大。三是企业社会影响力不断提升。

（二）构建上中下游一体化的产业体系，公司产业布局取得新进展。一是油气上游主业地位更加凸显。二是中下游产业布局基本完成。三是专业服务发展能力不断提升。四是产贸融协同效应初步显现。

（三）利用好两种资源、两个市场，对外合作和海外业务发展开拓新局面。一是对外合作持续深化。二是海外业务规模不断扩大。三是海外业务管理水平稳步提升。

（四）深化体制机制改革创新，现代企业制度建设实现新突破。一是总公司董事会规范运行。二是矿区管理体制改革取得积极进展。三是各专项领域改革逐步深入。

（五）加快产业结构调整和转型升级，调转方式结构取得新成效。一是产业结构优化取得重要成果。二是科技创新能力继续增强。三是管理现代化水平稳步提升。

（六）坚持全面从严治党，干部员工队伍呈现新面貌。一是作风建设取得明显成效。二是反腐倡廉工作深入推进。三是党建工作创新积极推进。四是干部队伍建设成绩显著。

总结公司过去五年取得的发展成就，我们有以下几个方面的经验和体会：

一是牢记责任使命，是公司不断做强做优做大的根本动力。

二是坚持战略引领，是公司保持正确发展方向的基本前提。

三是追求稳健合规，是公司总体平稳健康运行的内在原因。

四是加强党的建设，是公司形成独特发展优势的重要保障。

五是注重以人为本，是公司葆有发展活力的重要源泉。

二、面临的形势分析

全面审视和准确把握内外部环境条件的深刻变化，是我们谋划好当前及今后一个时期工作的前提。在当前形势下，适应经济新常态、认清行业新趋势、抢抓改革新机遇是实现公司健康可持续发展的大逻辑。

（一）适应经济新常态，认真转变发展观念

（二）认清行业新趋势，进一步强化危机意识

（三）抢抓改革新机遇，切实增强紧迫感

（四）把握有利因素，坚定发展信心

三、“十三五”总体思路和发展目标

“十三五”时期是全面建成小康社会的决胜阶段，也是公司建设有中国特色的国际一流能源公司的重要时期。我们要深刻认识和准确把握形势变化和公司发展的阶段性特征，推动公司从追求快速增长转变到追求健康、稳健、科学发展上来，不断提升发展新境界。

公司“十三五”工作的总体思路。

公司“十三五”发展目标，主要包括引导性指标、约束性指标和在一定条件下实现的指标。

四、以五大发展理念为引领，推动公司“十三五”健康可持续发展

创新、协调、绿色、开放、共享五大发展理念是国家“十三五”规划的精髓和主线，是我国如期实现全面建成小康社会奋斗目标的行动指南，也为公司实现“十三五”规划目标提供了重要指示。发展理念起到管全局、管根本、管方向、管长远的作用，谋划“十三五”时期公司改革发展，必须坚持以五大发展理念为引领，做到观念上适应、认识上到位、方法上对路、工作上得力。具体来说，我们要做好以下工作：

（一）坚持创新发展，增强公司发展活力

“十三五”期间，必须把创新摆在公司发展全局的核心位置，实现传统生产要素驱动发展转变为创新驱动发展，为公司持续发展提供内生动力。一是深化体制机制改革，培育发展新动力。二是积极参与市场竞争，拓展发展新空间。三是强化企业管理创新，释放发展新红利。四是提升科技创新能力，增创发展新优势。

（二）坚持协调发展，提升发展整体效能

坚持统筹协调是促进公司健康发展的基本方法，要围绕产业发展这一核心，提升协调发展的境界，特别是在低油价情况下，坚持协调发展有着更加重要的意义。一是坚持油气并举，打造综合竞争优势。二是坚持产业协同，提升价值链整体效益。三是坚持科学稳健，加快产业转型升级。四是坚持高端引领，拓展产业发展空间。

（三）坚持绿色发展，推动企业发展可持续

作为以油气生产为主的公司，坚持绿色发展是企业转型的迫切需要，也是实现可持续发展的内在要求。一是加强安全环保管理，切实保护生态环境。二是提升天然气产业链整体竞争力，努力打造支柱产业。三是积极参与能源革命，推动低碳循环发展。

（四）坚持开放发展，培育国际竞争新优势

要积极适应世情、国情、企情的变化，实施更加积极主动的开放战略，坚持对外开放与创新对内开放相结合，提高开放发展的层次和水平。

一是积极融入"一带一路"国家战略，拓展国际合作新空间。二是加快输出装备服务和专业技术能力，提升技术服务竞争力。三是对标国际一流绩效和管理标准，提升国际业务盈利水平。四是推进对外合作模式创新，实现对外合作新突破。

（五）坚持共享发展，追求多方合作共赢

共享发展是建设有中国特色国际一流能源公司的本质要求，坚持发展成果与员工、社会共享，公司才会拥有源源不断的发展活力。一是坚持以人为本理念，实现员工与企业共同发展。二是积极履行社会责任，提升企业品牌形象。三是加强各方利益协调，为公司发展创造有利环境。

此篇文稿通过回顾"十二五"，分析当前形势，部署"十三五"三个大的方面，把中央提倡的发展理念（创新、协调、绿色、开放、共享）与企业自身的发展实际（改革创新）紧密结合，突出了十分鲜明的时代主题。全篇字数虽多，但始终紧紧围绕着一个主题展开，即"改革求生存，创新谋发展"，并且直接在主标题中直陈主题，态度十分鲜明，读起来使人为之振奋。该文稿中所使用的标题处理方法也十分典型。例如主标题和副标题的运用就是一种体现会议主题的观点性标题。另外，其他各段落、各层次的大标题以及二、三级标题，高度凝练，层次清晰，对称工整，形式多样，各有特色，令人印象深刻。

四、结构宜紧，忌散

结构，指文稿的组织形式、排列次序和内部构造，即通常所说的布局谋篇。公文由于有固定的体例，特别是例行公事的公文一般都是模式化的，但一些有创造性内容的公文，如经验总结、领导讲话、调研报告、工作汇报等等，还是很讲究文章的结构的。结构是文章的框架，在动笔之前，对文稿的基本内容、主旨框架、层次段落、重要观点、开头结尾等等，进行一番全面考虑和总体设计，这是文稿写作最重要的一步。结构未定，就匆忙动笔，是写作上的一大忌。

清代戏剧家李渔在《闲情偶记》中论述："工师之建宅亦然，基址初平，间架未立，先筹何处建厅，何方开户，栋需何木，梁用何材，必俟成局了然，始可挥斤运斧。倘造成一架，而后再筹一架，则便于前者不便于后，势必改而就之，未成先毁，犹之筑舍道旁，兼数宅之匠、资，不足供一厅一堂之用矣，故作传奇者，不宜卒急拈毫。袖手于前，始能疾书于后。"这段话以工匠建房来类比文章结构安排的重要性。工匠建房，必须先筹划好整体结构，才能开始建造。如果设计结构不行，房子质量就没有根本保证。文稿起草，也是如此，先设计出蓝图，才能开始动笔。文稿起草常见的大返工，往往出在主体结构上。

不板不乱

安排结构，重点是解决正文主体框架、层次处理、段落划分、开头结尾、过渡照应等问题，基本原则是八个字：不板不乱，浑然一体。

要做到这样，其要点是：**找出重点，理出层次，排出顺序，**使文章脉络清晰，思路贯通，布局严谨，衔接紧密，层次清楚，段落完整，重点突出，自成一个紧凑精干的有机体系。找出重点就是对文章的题材进行整体把握和合理分配，明确详写的方面，突出重点的问题，使文章有轻有重，有主有次，疏密有致。理出层次就是按照逻辑关系、按轻重缓急对构思的内容进行分块，理清某个问题包含哪些内容，哪些内容意思有关联，合并同类项，把条理清晰化，使文章脉络清楚，便于受众理解。排出顺序就是按照已经理出的层次对题材进行排序，明白哪些先讲、哪些后讲，用什么逻辑关系来组合，不能随意排列，不能错乱和颠倒。

朱光潜在《选择与安排》中曾说过这样一段话：“第一须有头有尾有中段，第二是头尾和中段各在必然的地位，第三是有一股生气贯注于全体，某一部分受影响，其余各部分不能麻木不仁。一个好的阵形应如此，一篇好的文章布局也应如此。一段话如果丢去仍于全文无害，那段话就是赘疣；一段话如果搬动位置仍于全文无害，那篇文章的布局就欠斟酌。布局愈松懈，文章的活力就愈薄弱。”文稿不紧凑、不集中，无效信息多，必然使结构松弛散乱，进而影响文章质量。

要使文稿结构达到“不板不乱，浑然一体”，从思维的角度出发，要考虑几点：第一，全面考虑阐述问题、分析问题、解决问题的需要，符合人们认识事物的认知规律，以便于领会和接受，不能只提出问题不解决问题，也不能不分析问题就突兀地提出解决方案。第二，层次段落要围绕主旨，从不同的侧面、角度和内容来展开，但都是在围绕核心主线，做到有的放矢，不能漫无边际，胡乱跳跃。比如一个谈经济的稿子，不能谈着谈着谈到文化上去了，要使思维的延展和内容的铺展符合逻辑，做到收放自如。第三，按照表现事物本质和特征的规律来安排，由浅入深，由表及里。比如先谈现象，再谈原因，再谈解决办法，这样才有利于把文稿要传达的思想内容表达清楚，也更有助于加深读者对文稿内容的理解。第四，各部分各层次之间有正确、严密的逻辑和照应关系，通篇浑然一体，不管是选择总分式、并列式还是递进式等结构，都要体现出明晰的逻辑关系。

具体到结构安排上，重点把握好完整性、连贯性、严密性三个要点。

完整性。首先，文稿要做到开头部分、主体部分、结尾部分齐备，不可无故残缺。就是朱光潜先生所说的“有头有尾有中段”。其次，各个部分要相对饱满，不能干瘪、空洞，给人局部残损的感觉。其三，脉络通畅，贯穿首尾，如有文气不能串联的地方，形成脱节断气，也会影响文章的圆满。这就是朱光潜先生说的“有一股生气贯注于全体”。在艺术创作中，有“只写残缺不写全”的说法，讲究点到为止，留下一些空白由读者来填补，反而能更好地调动读者进行审美再创造的积极性。但是，这一做法在公文写作中不宜采用，公文的内容要求明确、实在，不能采用虚实相生、意到笔不到的写法。否则，将会给落实执行带来许多不便。

连贯性。公文的各个部分之间，在内容上要相互连贯，井然有序，在语言形式上要有紧密的衔接和合理的过渡。一篇公文，不会是一个混乱的整体，必然是由既有区别又有联系的若干层次构成的。这些层次之间，不管是在内容上还是在文气上，都要有内在的联系。在外部的语言形式上，不管采用序号衔接还是采用自然过渡，也都必须自然流畅。需要注意的是，为了考虑层次转换时的自然过渡，增强行文的连贯性，还应该合理使用“另外”“因此”“同时”“但是”等一些过渡词。

严密性。严密性是指文章的各个部分之间有严密的逻辑联系，既不能出现前后内容互不相干，也不能出现前后内容相互矛盾的现象。朱光潜先生在《选择与安排》一文中说：“文章的‘不通’有多种，最厉害的是上气不接下气，上段上句的意思没有交代清楚就搁起来，下段下句的意思没有伏根就突然出现……应该在前一段说的话遗漏着不说，到后来一段不很相称的地方勉强插进去……在上文已说过的话到下文再重复说一遍。”这些问题都属于逻辑混乱，结构不严密。文章的部分与部分之间，或呈现因果关系，或呈现主次关系，或呈现并列关系，或呈现表里关系，各部分互相弥补、互相协助，而不能互相矛盾、互相拆台。

2012年中央巡视组进驻公司，公司党组向巡视组汇报情况。由于汇报的时间段长（党的十七大以来），涉及面广，既包括生产经营和改革发展情况，也包括作为国企如何履行有关责任的情况，还有党建和反腐倡廉工作方面的情况，如此丰富而庞杂的内容，需要一个好的结构，才能使得全文脉络清晰、重点突出，不板不乱。经过认真思考，我们确定的结构是，全文由四部分组成：第一部分是“公司发展的基本情况”；第二部分是“全面贯彻落实科学发展观，牢记使命，勇于担责，推动公司各项业务持续快速健康发展”；第三部分是“全面加强党的建设和领导干部作风建设”；第四部分是“存在问题初步分析和近期主要工作思路”。这样既做到了内容清晰有序，充分展示了公司的有关情况和业绩，又全面回应了巡视组关心的问题。其中第二部分的结构又颇具特色，如下：

二、全面贯彻落实科学发展观，牢记使命，勇于担责，推动公司各项业务持续快速健康发展

（一）以科学发展观为指导，加快转变发展方式，切实履行国有企业的经济责任

一是做强做优企业，确保国有资产保值增值。

二是突出油气主业，不断提高能源保障能力。

三是调整优化产业结构，大力提升发展质量和效益。

四是大力强化节能减排，促进“两型”社会建设。

五是深化体制机制改革，加快现代企业制度建设步伐。

六是增强自主创新能力，大力提高企业核心竞争力。

七是实施“走出去”战略，不断提升国际化发展水平。

八是全面加强企业管理，保障企业健康可持续发展。

九是认真总结发展经验，谋划中国海油“二次跨越”。

（二）始终坚持与党中央保持高度一致，切实履行国有企业的政治责任

一是执行党的政治纪律，贯彻党中央的精神和决议，确保中央重大决策部署落实到位。

二是积极融入国家发展战略，服务和服从于国家现代化建设全局。

（三）为改善民生、促进和谐做贡献，切实履行国有企业的社会责任

一是顺利完成存续企业改革，为国有企业改革贡献独特价值。

二是加强和谐企业建设，让广大职工分享改革发展成果。

三是依法上缴税费，拉动社会就业，带动相关民族产业共同发展。

四是积极投身社会公益事业，充分发挥中央企业示范表率作用。

整个部分从“切实履行了国家石油公司肩负的经济责任、政治责任和社会责任”角度切入，然后分经济责任、政治责任和社会责任三个部分进行展示，对方方面面的工作进行归纳和提炼，按“三大责任”的角度进行布局，这样就使得整个文稿站位较高，视野宏阔，同时主线清晰，内容充实，给人留下了深刻影响。

又比如，某年公司的反腐倡廉工作会议，主要领导讲话的第三部分是“坚持党要管党、从严治党，深入推进党风建设和反腐倡廉工作”，强调了六个方面的工作要求：严守党的纪律，把守纪律、讲规矩摆在更加重要的位置；严肃责任追究，强化党风廉政建设主体责任；严纠“四风”问题，持之以恒加强作风建设；严查违法违纪，以零容忍态度惩治腐败；严明制度规范，强化对权力运行的制约监督；严格干部监管，切实做到选好干部、用好干部、管好干部。

内容涉及方方面面，但统一用“严”字当头的句式，既符合从严治党的总要求，又在结构上更显得紧凑，逻辑严密，浑然一体，形散而神不散，内容与题目也自然贴切。

提纲与腹稿

围绕主题设计结构是起草文稿的重要方略，而结构的设计要通过列提纲进行细化并固定下来，以便写作时有所遵循。制作一份精美、准确、完整的写作提纲，文章就等于成功了一半，所以大凡有经验的文稿起草者，都不惜花时间和精力去琢磨提纲。

提纲的重要性主要体现在，它初步确定文稿的内容，为整个文稿的面貌和走向划定了“轨道”，能起到提纲挈领、纲举目张的作用；它是思考逻辑与文本逻辑的结合，因而是起草者运思过程的呈现；它是文稿的“初级产品”或者“胚胎”，可以作为交流汇报的载体。

文稿的结构布局方式一般有两种：一是列出书面提纲。提纲的详略应根据文稿内容需要和起草者行文习惯而定。重要讲话提纲应尽可能列得细一些，甚至可以细到每段几个层次，每个层次包含的要点以及精彩的阐述语言等，然后稍加扩充、润色、归整，就可以成为一篇像样的文稿。二是在心里列提纲，也就是打腹稿。虽没布局成文，但脑子里勾画了轮廓，短一些、急一些的文稿多采取这种办法。无论是列出书面提纲还是打腹稿，都要始终围绕主题来进行，一级提纲扣紧主题，二级提纲扣紧一级提纲，做到环环相扣，首尾相顾，不板不乱，浑然一体。

就我个人而言，采取的方法是，如果要向领导汇报，或者需要与人合作，或者需要把任务安排下去，一般会列比较细致的提纲，至少到二级标题，甚至三级标题，还会标上内容要点，如果有成型的意思和成熟的段落，也会直接放入提纲，有时还会把一些进一步的思路、资料的线索、写作的角度以及需要特别注意和标注的内容在提纲中体现，这样更便于与沟通对象进行有效的对话，能一目了然，甚至因为无法当面交流时，通过书面提纲就能达到同样的交流效果。这样的提纲一般比较完善，某种程度上甚至已经是“半成品”，如果不做大的改动，在此基础上加以修改就能成文。而如果是个人独立承担一个稿件，完全在自己掌控的情况下，为了提高效率，一般不会列非常细致具体的提纲，而会在构思腹稿的基础上，直接在文档上，把腹稿内容转化为简易的提纲，可能只有一级标题，只是一些大致的思路，文字表述甚至都不完整，但同时会把一些重要的内容要点以关键词或者备忘的形式，列示在提纲的相应位置，起到一个思维提示的作用。这其实是一种“半提纲”的形式，文稿一旦完成，提纲也就被完全覆盖了。

对于文稿起草者来说，提纲是破题的一个重要手段，构思和拟定提纲也是进入写作状态的一个过渡阶段。对于要写的题目，经过认真调查研究、深入思考，广泛搜集素材、了解情况，在心中会对要写的题材有个初步的认识，对主题、结构、内容的一些大致的想法，这就是一个提纲的雏形。把这些想法转化为一个文稿的内容框架，也就是形成了一份提纲。提纲一旦形成，就在头脑中形成了一篇文稿的整体概念，能够做到心中有数，胸有成竹。

但我们要特别强调的是，提纲是过程性的，同时是开放性的，千万不要画地为牢。有了提纲之后，还需要听取各方面意见，形成有效互动，需要进一步思考和深化认识，需要对提纲中模糊存疑的地方加以验证，增加真实性，对一些有所偏差的地方进行校正，在此基础上调整和完善提纲，组织材料进行写作。这是一个持续思考和研究的过程。既要重视提纲，又不能完全依赖提纲，需要辩证地看待。

有过写作经验的人都会有这样的体会，提纲并不是一次性的，也不会完全决定文稿的最后形态，更多的想法会在写作的过程中逐步涌现。通常来说，一个成熟的作者在起草一个大的文稿时，会经历三次“创作过程”，首先是头脑思考，这是最重要也最基础的环节；其次是手指思考，在组织语言文字的过程中，会由于思维被激发，而不断涌现新的想法，这是一种正常写作状态的体现；再然后是语言会自我思考，就是说在文稿的形态较为成熟的时候，在修改完善的过程中，会出现人的思维被内容带着走的情况，语言自组织、自演化，不断衍生和链接，自动填补思维的空白，推动思维认识进一步深化和提升。这其实是思维与语言文字产生了深度互动的一种结果，也是进入非常良好的写作状态的一种体现，是文稿真正能出彩的一个重要环节。这些新产生的内容往往是超越了提纲，是提纲之外的“意想不到”，但从深层次来说，又是提纲的自然结构和深层反应。

开头与结尾

总体来说，任何一篇文稿的结构都可以简单划分为开头、正文与结尾三部分。开头和结尾占据篇幅不大，但对于文稿却非常重要。

俗话说："万事开头难。"写文章也是一样。开头是文章思路的起点，其意义在于总领整个讲话，起着定调的作用，使与会者了解会议的背景、任务和讲话者的意图。好的开头，可以先声夺人，给人以深刻的印象。开头长短不一，它既可以是一个句子，也可以是一个或几个自然段。

常见的开头方法有五种。**一是总体概括法。**从介绍情况入手，说明会议召开的背景、目的、议题和任务。这是目前普遍采用的方法。例如，党的建设工作座谈会上的讲话稿，开篇就写"这次会议的主要任务是：贯彻落实新时期党中央关于加强和改进党的建设新要求，总结交流公司党建工作成功做法，研究部署新形势下公司党建工作，探索做好党建工作新方式新方法，动员全体党员干部，不断开创党建工作新局面"。**二是开篇点题法。**即一开始便把讲话的意图简明扼要地说出来。例如，"下面，我简单强调几点意见，归纳起来是'一个强化、四个抓实、两个突破'"。**三是提出问题法。**提出问题，吸引听众，引发思考。毛泽东同志在《中国社会各阶级的分析》一文中这样开头："谁是我们的敌人？谁是我们的朋友？这个问题是革命的首要问题。中国过去一切革命斗争成效甚少，其基本原因就是因为不能团结真正的朋友，以攻击真正的敌人……我们要分辨真正的敌友，不可不将中国社会各阶级的经济地位及其对于革命的态度，作一个大概的分析。中国社会各阶级的情况是怎样的呢？"**四是表明态度法。**即开门见山地表明讲话者对所谈问题的态度。例如："同志们，刚才，某某同志的工作报告，我完全赞同。下面，我再强调几点意见。"**五是欢迎感谢法。**即表达必要的欢迎、感谢后导入正题。例如，某单位在向中央巡视组工作汇报的讲话稿中这样开头："尊敬的中央巡视组的各位领导：首先，我代表公司党委和管理层，对中央巡视组来我公司巡视和指导工作表示诚挚的欢迎。按照中央巡视组的要求，现在将有关情况汇报如下。"

不管是哪一种方法，都应做到开门见山，简明扼要。

结尾的任务是托起全篇。它可以是一个句子，也可以是一个或几个自然段。好的结尾具有画龙点睛的功能，可以鼓舞斗志，振奋精神。例如，“同志们！非常之时需非常之功，非常之事待非常之人。在‘十三五’开局之际，我们面临着前所未有的困难和挑战。困难是一块试金石，公司从无到有、从小到大、从弱到强的发展历程中，正是在无数艰难困苦的磨砺中，不断迈上新的高度。让我们紧密团结在以习近平为总书记的党中央周围，坚定不移贯彻五大发展理念，咬定目标不放松，凝心聚力抓落实，以上下同欲的信念、自我超越的勇气和百折不挠的韧劲，直面困难，砥砺前行，满怀豪情踏上‘十三五’发展新征程！”

常见的结尾方法有六种。**一是总结法，**即在讲话结束时简要地对前面讲过的内容进行总结，进一步概括主题，加深听众印象。例如，“以上，我从增强建设幸福城市的使命感、增强对知识和能力的恐慌感，增强只争朝夕的紧迫感三个方面，向广大干部提了要求，希望大家不辱使命，恪尽职守，把本职工作做得更出色，为全市发展做出新的更大贡献”。**二是号召法，**即用一些精悍有力、催人奋进的话语进行号召或呼吁，引申讲话主题，引起听众共鸣，达到情感高潮，使与会者为实现既定目标而奋斗。例如，在某单位反腐倡廉工作会议上的讲话稿的结尾：“同志们，风清则气正，气正则心齐，心齐则事成。我们要紧密团结在以习近平同志为总书记的党中央周围，紧紧围绕全面建成小康社会、全面深化改革、全面依法治国、全面从严治党的战略部署，服务大局、奋发进取，以坦荡胸襟、浩然正气，认真抓好反腐倡廉工作，为公司改革发展提供有力保障！”**三是展望法，**即通过展望性、预示性的语言，引起听众对美好未来的憧憬与向往。毛泽东同志在《星星之火，可以燎原》中的结尾是这样说的：“它是站在海岸遥望海中已经看得见桅杆尖头了的一只航船，它是立于高山之巅远看东方已见光芒四射喷薄欲出的一轮朝日，它是躁动于母腹中的快要成熟了的一个婴儿。”**四是希望法，**即对听众提出带希望性、鼓励性的话语作为结尾。例如，在青年干部大会上的讲话结尾：“最后，希望大家倍加珍惜党赋予你们的职责，倍加珍惜公司改革发展的大好形势，倍加珍惜广大干部员工对你们的殷切期望，开拓创新、积极工作，以自己的实际行动交上一份满意的答卷。”**五是祝愿法，**即以祝福性的话语作结尾。例如，“最后，衷心祝愿贵公司明天更加美好，祝愿同志们工作顺利，身体健康”。**六是自然收尾，意尽而止。**例如，“以上几个方面，请大家认真研究，抓好这次会议精神，谢谢大家”。

无论采用哪种方法结尾，都必须做到简洁有力，干净利落，切忌拖泥带水，画蛇添足，或者草草收兵，软弱无力。

言之有序

文章的主体结构体现在正文上，正文讲述工作的中心思想、总体思路和全面要求，表明讲话者的立场、观点、意见和方法、措施以及希望和要求。正文的内容要视讲话人的身份、会议的背景、讲话的主题以及听众的差异而定。

文章的主题和内容一旦确定，结构方法也确定后，呈现出来就是文章分几块，每块讲什么，这就涉及安排结构的问题。安排结构有一定的技巧，但并非纯技巧性的问题。内容决定结构，结构是为内容服务的。结构的实质是客观事物本来面目以及对事物的认识理解在表现形式上的体现，应该做到层次分明，条理清晰，概括精辟，逻辑严密，言之有序。如果对事物认识理解透彻，思维脉络清楚，就不愁找不到较好的结构方式。

一般文稿的正文都比较长，往往需要用序号分出几个部分。常见的划分方式是：

第一，两块式。即整个讲话分两大部分。第一部分要么总结成绩，要么分析形势，要么认识意义，要么指出问题，或兼而有之，最后归结为：某某工作事关重大，务必统一思想，增强紧迫感、责任感，把这项工作抓紧抓好。第二部分主要指出工作思路、目标任务、具体要求和政策措施等。措辞上无非明确任务、强化措施、加强领导、狠抓落实之类。这种结构适用于阐明简单事理或安排单项工作，用于论述复杂事物或部署牵涉面较广的综合性工作时，很容易形成“大观点套小观点，小观点套更小的观点”的复杂结构，不便理解和接受，甚至会造成内容混乱。

第二，三块式。领导讲话主要目的是用于解决问题、推动工作的，所以既要向与会者讲明道理，又要确定工作目标和任务，还要提出保证完成工作任务的一系列措施。因此往往按照“讲道理、定任务、提措施”这样的逻辑框架来安排结构。所以在实践中，“三段论”是最常用的结构方法，因为它符合人们认识问题、解决问题的一般思维规律。

在三块式结构中，第一部分通常是总结成绩、认识意义、认清形势、统一思想等，也就是常说的“提高认识”。第二部分主要讲工作任务、要求、思路和重点，也就是常说的“明确目标”。第三部分主要讲组织领导、工作措施等，也就是我们常说的“抓好落实”。或者说，第一部分讲意义、讲道理，明确“为什么干”；第二部分讲工作、讲重点，明确“干什么”；第三部分讲措施、讲要求，明确“怎么干”。这种形式符合大多数人的思维习惯，因而被广泛采用，大部分的党代会、职代会等会议的工作报告，多采用这种形式，“无三不成文”的说法恐怕也是来自这个道理。

这里面需要注意的是，第一部分讲道理，但不能是空对空地讲，要以事实为依据，常言道：“摆事实，讲道理。”空谈大道理，难以说服人。所以，要用事实来证明我们所讲的道理的科学性，用事实和逻辑证明所说的道理是正确的。第二部分定任务，就是确定工作目标，以及主要的工作任务。目标与任务之间是总分关系，任务支撑目标。任务与任务之间可以是并列关系，也可以是递进关系。第三部分提措施，主要是研究应该采取哪些组织手段、行政措施以及其他办法，保证所定工作任务能顺利完成。这里说的只是一般的情况，但实际工作中，往往会出现一些调整和变化，出现一些“三段论”的变体形式，比如“干什么”与“怎么干”根据实际情况，有时是分列的，有时可以在一起说。但形式可以多变，万变不离其宗。

比如，某单位2015年反腐倡廉工作会议的结构是：第一部分，深入贯彻习近平总书记重要讲话精神，真正把思想和行动统一到中央的决策部署上来；第二部分，清醒认识反腐倡廉形势的严峻性和复杂性，不断增强责任感、紧迫感和使命感；第三部分，坚持党要管党、从严治党，深入推进党风建设和反腐倡廉工作。这就比较符合“提高认识、明确目标任务、抓好工作落实”典型的三段论结构。再比如，在党的群众路线教育实践活动动员大会上的讲话，三部分内容分别是：为什么要开展党的群众路线教育实践活动，怎样开展好群众路线教育实践活动，开展好教育实践活动的具体要求。这也是比较明显的三段论结构，而且在标题上直接得到了体现。

第三，多块式。一般在四块以上，多的达十余块，这种结构适用于大型综合报告，工作会议报告也可采用。其惯用做法是，将某个事物中的关键问题或某项工作中的重点环节“抽”出来，独立成一部分，依次阐述。这种结构比较单纯，听起来也不那么费劲。不用像三块式那样费太多心思去考虑各部分之间的关系，而且逻辑层次不能错乱颠倒，相对更灵活自由一些。但这并不等于说各部分没有逻辑关系，可以随意组合，应该说，三块式是强逻辑，更为严密，一般不能变换，多块式逻辑没有三块式那样强，在符合大的逻辑思维习惯的前提下，有些时候部分内容可以灵活摆布，没有太直接和紧密的逻辑关系作为制约，只要符合认识规律和工作的特点要求即可，可以形成总分、总分总、并列、递进等多种逻辑关系，而且在局部结构安排上有更为灵活的空间。除了大型报告运用这种结构形式外，这种结构也适合于即席讲话，可以根据需要抽出几点，随机适当展开讲一讲。

2016年我们起草的工作会议报告就采取了这种方式，改变了以往惯常采用的三段式结构，而变成了五块式结构。第一部分，“十二五”发展情况回顾；第二部分，面临的形势分析；第三部分，“十三五”总体思路和发展目标；第四部分，以五大发展理念为引领，推动公司“十三五”健康可持续发展；第五部分，全面加强党的建设，为“十三五”发展提供坚强保证。可见，对于这个报告所要阐述的内容而言，用多块式的结构明显比采取传统三块式结构要好，因此这种改变不是心血来潮，而是根据工作报告内容需要来确定的。

除了以上的几种外，还有不设标题的整块式。适用于篇幅短小的讲话，如在各类会议、活动上的致辞、献辞、欢迎词等。有时也用于篇幅较长的讲话，但往往会用一些反复出现的标志性语言来划分层次，虽然不设标题，但讲话依然显得层次十分清楚。如江泽民同志1998年9月在全国抗洪抢险总结表彰大会上的讲话，全文39个自然段，一段一层意思，一段一层递进，上下呼应，环环紧扣，逻辑性很强。

【例文】

在纪念建党九十周年暨建成 “海上大庆油田”总结表彰大会上的讲话（节选）

（2011年6月16日）

同志们！

伟大的中国共产党即将走过九十年波澜壮阔、辉煌壮丽的奋斗历程。九十年来，中国共产党带领中国人民，实现了民族独立、人民解放，建立了社会主义基本经济制度，开创了中国特色社会主义道路，谱写了民族振兴、国家富强和人民幸福的壮丽篇章。改革开放以来，在党的路线方针指导下，我国的现代化建设取得了长足进步，各行各业都实现了跨越发展，取得了令人瞩目的发展成就。

作为我国石油工业的重要组成部分，海洋石油工业的发展，是党带领全国人民进行现代化建设取得历史重大成就的一个缩影，见证了改革开放新时代在中国共产党领导下，我国民族工业振兴崛起的伟大历程。

2010年12月19日，公司国内油气年产量首次突破5000万吨油当量，达到大庆油田油气年产量的最高值，历史性地建成了“海上大庆油田”，实现了几代人的夙愿和梦想。“海上大庆油田”的成功建成，是在党中央、国务院坚强领导下，在社会各界大力支持下，我国石油工业取得的重要发展成果，是我国海洋石油工业发展的重要里程碑，是全体海洋石油工人向建党九十周年敬献的一份厚礼！

“海上大庆油田”的成功建设，优化了我国石油工业的发展格局，海洋石油正成为我国油气产业的重要接替区。

“海上大庆油田”的成功建设，带动建立了比较完整的海洋石油工业体系，为海洋石油工业大发展奠定了基础。

“海上大庆油田”的成功建设，促进了相关民族工业的振兴和发展，充分展示了中央企业的骨干和带动作用。

“海上大庆油田”的成功建设，形成了符合实际、独具特色的管理模式，走出了一条生机勃勃的发展之路。

“海上大庆油田”的成功建设，传承和弘扬了石油工业的优良传统，集中展示了海洋石油工人的精神风貌。

“海上大庆油田”的成功建设，充分证明了党中央关于海洋石油工业发展的重大战略部署的英明和正确，充分体现了社会主义制度集中力量办大事的制度优势，充分展示了市场经济和全球经济一体化条件下国有企业的生机与活力，充分表达了我国海洋石油工人的向心力、战斗力和创造力！

回顾“海上大庆油田”的建设历程，我们深刻认识到：

“海上大庆油田”的成功建设，得益于邓小平理论、“三个代表”重要思想和科学发展观的正确指引。

“海上大庆油田”的成功建设，得益于党中央、国务院的亲切关怀和坚强领导。

“海上大庆油田”的成功建设，得益于国家政策的大力扶持和社会各界的大力协助。

“海上大庆油田”的成功建设，来自于几代海洋石油人的不懈奋斗、无私奉献和奋力拼搏。

回顾“海上大庆油田”的建设历程，我们深刻认识到，海洋石油工业要实现健康快速发展，在现代化建设中有所作为，必须始终坚持党的领导，听从党的召唤，必须时刻与祖国同呼吸、共命运，以高度的主人翁责任感和强烈的历史使命感，融入国家发展战略，服务和服从于国家发展战略，毫不松懈地履行“我为祖国献石油”的责任和使命；必须大力弘扬“爱国、创业、求实、奉献”为主要内涵的“大庆精神”和“铁人精神”，并不断赋予其新的时代内涵，始终保持攻坚克难、拼搏奉献的豪迈气概；必须始终坚持实事求是、与时俱进、解放思想，不断探寻并自觉遵循市场规律、行业规律、企业规律和自身特点，走既符合国际惯例又与中国国情和企业实际相结合的独特发展道路，不断打造出特有的竞争优势，才能推动海洋石油工业持续快速发展。

同志们！

“海上大庆油田”的成功建成，见证了改革开放以来我国石油工业跨越发展的辉煌历程，镌刻了海洋石油工业发展的历史丰碑，必将激励全体海洋石油工人朝向更加宏伟的目标开拓奋进。当前，我国正处在进一步发展的重要战略机遇期，经济社会持续快速发展，对能源的需求持续增长。在保障国家能源安全上，海洋石油工业责任重大，使命光荣，大有可为。我们要以成功建成“海上大庆油田”为新起点，始终牢记国家石油公司肩负的重大责任，全面把握能源工业发展面临的新形势、新任务、新要求，大力弘扬石油工业的优良传统和作风，锐意进取，再攀高峰。

要牢牢把握海洋石油工业发展的战略机遇，致力实现新的跨越发展。

要坚持以科学发展观为主题，以转变发展方式为主线，不断增强海洋石油工业的可持续发展能力。

要进一步高扬“大庆精神”和“铁人精神”，不断激发投身“二次跨越”的激情和力量。

要切实加强企业党的建设，认真组织开展“创新争优”活动，为海洋石油工业新的跨越发展提供坚强的政治保障。

同志们！

“海上大庆油田”的建设书写了公司几代人的创业史诗，矗立了海洋石油工业发展的历史丰碑，吹响了向更高目标奋进的进军号角。在海洋石油工业新的发展征程中，我们要深入贯彻落实科学发展观，认真贯彻落实胡锦涛总书记等中央领导同志的重要批示精神，创新发展，再攀高峰，为国家能源保障战略、海洋强国战略和自主创新战略的扎实推进再立新功，为国家的繁荣富强和现代化建设做出新贡献！

例文为在纪念建党九十周年暨建成“海上大庆油田”总结表彰大会上的讲话稿，主题非常宏大，谋篇布局时却匠心独运，并未相应采用宏大结构，而是大胆采用了整块式。开头用总结概括法单刀直入点明此次大会的重大意义和主要任务，结尾用号召法鼓励大家再立新功，再做新贡献。正文没有用（一）（二）（三）这样的标题划分出明显的结构层次，而是用一些反复出现的标志性语言来划分层次。在大的层次上，用“同志们”这样的称呼反复出现，划分出“海上大庆油田”成功建设的重大意义，“海上大庆油田”成功建设的重要经验，以成功建成“海上大庆油田”为新起点、全力推进海洋石油工业“二次跨越”这样三部分。在小的层次上，用“‘海上大庆油田’的成功建设”一句话反复出现，又在各部分内划分出若干个次一级层次。全文思路贯通，层次清楚，结构紧凑，浑然天成。

五、内容宜实，忌空

公文的效果最终取决于它在实际工作中所起的作用。因此，起草公文，不仅要注重公文形式的规范化，更要在公文内容上求实，保证公文的实用价值。判断一份公文写作质量的一个重要标准，就是内容实不实。材料越真实，力量越大，影响越强，指导作用也越大。

内容以实为要

公文内容求实，就是在阐述贯彻党和国家的方针、政策时，要紧密结合本地区本单位的实际情况，尤其是实践中出现的新情况、新问题，把握好角度，把大政方针落实在具体工作之中。使工作思路、实施方案、政策措施等应当有较强的可操作性，能够直接用于实践，并接受实践的检验。

俄国生理学家、心理学家巴甫洛夫说："无论鸟翼是多么完美，但如果不凭借着空气，它是永远不会飞翔高空的。事实就是科学家的空气，你们如果不凭借事实，就永远不会腾飞起来。"科学如此，起草公文也是如此。

内容宜实，具体说来，至少有两层含义。

第一，真实不虚假。内容或者素材具有真实性，这是公文最根本的原则。公文是与具体工作相联系的，它对内容的要求和文学创作的内容要求完全不同，跟一般文章对内容的处理也不尽相同。公文要"写实"，坚持忠于事实的原则，一是一、二是二，有则有、无则无，不夸大，也不缩小。首先，应如实把客观实在的事实写出来，什么事、什么人、什么时间、什么地点、什么样子、什么缘故，都要准确清楚，不能做任何加工。其次，观点、结论也一定是从对现实材料的分析中自然引出来的，不能想当然，不允许掺杂任何主观臆造的成分。材料要准确典型，不能粗枝大叶，道听途说，更不能随意捏造事实和数据。特别是对于第二手材料，要反复验证，引文不能漏字错句，篡改原文，也不能断章取义，随意曲解。列宁说："如果从事实的全部总和、从事实的联系中去掌握事实，那么事实不仅是胜于雄辩的东西，而且是证据确凿的东西。如果不是从全部总和、不是从联系中去掌握事实，而是片断的和随便挑出来的，那么事实只能是一种儿戏，或者甚至连儿戏都不如。”

第二，充实不空洞。充实与空洞的界线，不仅在于有没有观点和材料，关键在于公文有没有针对性，是否达到了观点与材料的统一。如果公文不提出问题，不解决问题，只罗列一些事实，不作科学分析与综合，不演绎出规律，不归纳出结论，只是泛泛地重复现成的一般原理、结论、口号，便是苍白无力的。

比如，“海洋石油981”平台获得第二届中国质量奖，是当届唯一一个获得这一质量大奖殊荣的基层一线班组。公司专门为此召开了表彰大会，高度表扬了获奖团队，总结了此次获奖的意义，并对下一步工作提出要求。正文第二段这样写道：“‘海洋石油981’平台是我国自主建造的第一座世界最先进的六代深水钻井平台，也是公司倾力打造的深水船队的‘旗舰’。自从2012年投产以来，‘海洋石油981’的将士们经过不断实践，逐步探索出一套以质量管理为主线、覆盖生产运营全过程的综合管理体系，打造了中国海洋石油工业质量领域的优秀标杆，创造了作业质量合格率100%、客户满意度100%的优异业绩以及一系列深水作业记录，先后获得‘国家科技进步特等奖’、全国能源系统‘工人先锋号’、‘全国青年安全生产示范岗’‘海油红旗班组’等荣誉，此次又获得中国质量大奖，可喜可贺。”

该段用不长的篇幅概述了“海洋石油981”的突出特点、代表业绩和重要影响力，以实实在在的内容增强了说服力。在总结此次获奖的意义时，从为深入推进提质增效工作注入了新动力、为推进深水勘探开发带来了新机遇、为作风建设和基层队伍建设打造了新标杆、为弘扬工匠精神提供了新范例四个方面，结合公司实际、当前形势背景以及党和国家的新要求，进行总结提炼，把容易写空的内容也写得十分扎实，起到的作用自然也更好。

把准“三脉”

对于很多起草者来说，常见的状态下，遇到一个题目，特别是不太熟悉的题材时，往往正襟危坐，如临大敌，绞尽脑汁，琢磨用什么样的词汇啊，怎么开头啊，写几个内容啊，等等。长时间徘徊在稿子的外头，不能很快进入“角色”。我们把这种情况叫作“不会开门”或者“打不开门”。写作的心理状态，反映的其实是思维方式问题。这种只从文字着眼，而不着重于研究客观事物的写作状态，其实是一种不正确的写作思维方式。

文稿表面上是文字组成的，本质则是对事物认识的结果，或者说是对事物认识的文字反映。起草文稿，首先要研究“事”，而不要先研究“字”，先研究“字”，容易陷入误区和僵局。研究“事”，可谓“研究者”；研究“字”，可谓“文字匠”。起草讲话稿，首先要求我们是“研究者”，然后才是“文字匠”。

文稿特别是讲话稿，顾名思义是“讲话”，而不是讲“字”。讲话就是说话，就是用“话”来分析、研究、部署工作，提出对工作的要求。而这些“话”则是起草者和领导对事物及其规律的认识，而这种认识是通过研究“事”得出的，然后用文字表达出来，这就是讲话稿。

那么，要研究哪些事呢？一是研究上面的事，主要是上级的文件、会议材料、领导讲话等。要通过对这些材料细心研读，从中深刻领悟、准确把握上级的精神，看有哪些新政策、新观点、新要求、新提法，便于在起草中有所遵循、有所借鉴、有所吸收和有所体现。二是研究外面的事，外部形势，发展趋势、动态、最新观点，好的经验、做法和政策举措等。三是研究下面的事，下属单位有哪些值得总结提炼的好经验、好做法，哪些问题具有普遍性，指导工作如何具有针对性。当然，最重要的是研究自己的事，领导讲话是为了解决实际问题的，所以必须把本单位的情况、取得的成绩、存在的主要问题搞清楚，研究提出重要工作任务、思路和措施，使所起草的讲话稿具有针对性、实用性。把事情基本研究明白了，再转化成文字，就能形成一篇求实、写实的文稿。

所以，内容要写实，重点在于"把准三脉"。**一是把准时政方针的"脉搏"。**善于吃透上情，及时学习与本行业、本单位有关的精神和政策，把局部工作放在大局中去思考和衡量，立足全局、胸怀大局。使文稿符合党和国家的方针政策，符合行业的发展规律，符合时代的发展方向。**二是把准领导思想的"脉动"。**及时跟进领导的思想动向，注意把领导谈话中最新闪光点做好归纳分析，摸准领导的想法，站在领导的角度考虑问题，树立"身在兵位、胸为帅谋"的责任感，想领导所想之事，谋领导所谋之策，把领导的"关注点"作为思考问题的"着力点"，写出具有领导独特风格的思想文字。**三是把准现实问题的"脉络"。**坚持从实际出发，尽可能地深入实际工作，熟悉现实情况。选取的素材要真实可靠，事实材料、数据材料要核实清楚，任务、措施要避免泛泛而谈，讲究可操作性。始终做到对情况胸中有数，对现阶段发展特征把握准确，提高文稿的针对性，防止说过头话、写过时语。

在把握现实问题的"脉络"时，要特别重视事实的作用，坚持用事实说话。作文如盖楼，事实是一篇好文的地基。要坚持思想从事实中提炼，道理用事实阐发，经验从事实中总结，这样的内容才有力量；要善于运用手头的事实材料，以事明理，事理交融；要善于运用典型，恰当的典型往往比抽象的概括更有力量；要注重细节，做到有血有肉，详略适当。那些经久不衰、常读常新的好文章，几乎都离不开运用事实说理的方法。

2016年公司的总经理报告就是一篇内容充实的典范，报告标题是《战寒冬、闯难关、破危局，凝心聚力打好2016年生存发展攻坚战》，就充分体现了一种直面现实、实事求是的态度。文章从标题的提炼、内容的筛选、形势的判断、存在问题的描述、工作的部署，从内容到结构再到语言，都贯穿了一个"实"字，一个小时左右的时间，达到了认清形势、统一思想、明确任务等预期目的。比如，在描述各项业务发展时所用标题是

《各项业务在严峻形势下有序发展》，就客观实在，没有过分拔高、过分表扬。在判断形势时说："油价持续低位已经大幅压缩公司的盈利空间，使公司的现金流趋紧，与同行业一样，公司上游一些高油价预期下的投资项目面临亏损，部分油气资产面临减值风险，专业服务板块装备资源闲置问题更加突出，部分炼厂低端产能面临淘汰。"不回避问题，实事求是。在部署工作时说："以公司经营盈利为目标，统筹抓好全年工作。"目标实际，切实管用。

观点、素材与意群

内容是由观点和素材组成的。观点是从素材中提炼出来的精华，是文稿的筋骨，一般通过标题和分析、结论、对策、建议等体现出来。观点应从大处着眼，站在全局的高度考虑问题，既符合实际，又有一定的深度，既准确抓住事物的本质，站得住脚，又要鲜明，直言赞成什么反对什么。观点立起来，报告也就立起来了。素材是文章的血肉，观点源于素材而高于素材，是对素材的高度概括。素材是为了说明和论证观点，是观点的事实依据。素材应紧扣主题和观点，能够说明问题，贴切自然。素材一般较多，要合理分配，权衡取舍，但切忌先入为主，拿着观点找素材。

观点和素材的组合，我们称之为"意群"，这是为了便于理解而借用英语中的说法，但不同于英语中的sense group（是指句子中按意思和结构划分出的各个成分）。此处的意群，就是段落中切分的具有相对完整性的概念，由观点和素材组成。这些概念并不是无序组合，而是根据一定的关系组合在一起的。所以意群和单个概念相比，包含了明示的或隐含的逻辑关系。

不管是写作还是阅读，活跃在人们头脑里的，不仅仅是一个个独立的概念，还有它们之间重要的逻辑关系。整个句子、整段话、整篇文章都可以运用这种方法来组织，从而呈现一个个完整的意群，而不是简单的概念和支零破碎的片断。

在运用“意群”来组织内容时，要抓住主线，做到线索清晰；要建立框架，做到架构完整；要有机衔接，注意勾连和呼应；要层次分明，做到宏观、中观、微观内容匹配得当。

比如2015年公司工作报告，在部署2015年工作任务时，提出了几个“下功夫”。

一是在协同发展上下功夫。①在低油价“严冬”条件下，要更加突出协同发展，努力追求集团利益最大化。②石油公司和专业公司要牢固树立“命运共同体”意识，进一步建立风险共担、利益共享的机制，抱团取暖，共克时艰。③要统筹上下游协调发展，理顺产销衔接机制，统一协调天然气销售，进一步落实天然气下游市场。④要树立“大海外”“一盘棋”理念，加强海外业务统筹协调，促进各业务板块良性互动。⑤要充分发挥区域统筹协调职能，努力凝聚各地区单位发展共识，建立常态化沟通协调机制，提高区域资源配置能力。⑥要充分利用市场机制和规模效应，提高集团议价能力，以市场规模降低服务及材料采购成本。

二是在降本增效上下功夫。在低油价“严冬”条件下，我们要牢固树立“过紧日子”意识，量入为出，审慎投资，优化设计方案，从源头控制投资成本，同时大力压缩非生产性支出。要深入开展全产业价值链、全生命周期的成本费用管理，有效提升资源共享水平，努力提高综合成本利用率。要完善成本管控的科学评价体系、激励约束机制和责任控制制度，充分调动广大干部员工降本增效的积极性。要坚决落实“十字”产业发展方针，提高资源配置效率，严格控制非油气主业的投资，集中优势资源做强做优主业。要推动油气主业从单纯的产量驱动型增长向产量和效益双轮驱动转变，增强经济产量意识，在产量与效益冲突时坚持效益优先，把握好发展速度、节奏和力度的均衡，克服周期性大起大落。要进一步推进技术创新、管理创新和商业模式创新，发挥好创新驱动作用，提高创新对公司的价值贡献。要做好税务筹划、市值管理和品牌运营，推进“产贸融”深度融合，增强经营公司的意识和能力。

三是在苦练内功上下功夫。

四是在深化改革上下功夫。

五是在依法治企上下功夫。

在这里，每个段落是一个意群，集中讲述一个意思，围绕一个议题展开。在段落内部，又可以划分为多个意群，以一条主线贯穿，从不同侧面论述。比如第一点“在协同发展上下功夫”，这一个大的意群就是由六个小的概念组成。①是集团利益最大化的总要求。②是关于油公司和专业公司的协同。③是关于统筹上下游。④是强调海外业务统筹协调。⑤是关于区域统筹协调。⑥关于利用市场机制和规模效应。这六句话每一个都是完整的意思，其实也是一个小的意群。把握了段落的内部结构，我们就可以对内容进行更好的安排，使其逻辑更清晰，层次更分明。

《庄子·养生主》中有一个庖丁解牛的故事，讲到庖丁在宰牛时有一招叫“批大隙，导大窾”，就是劈开筋骨间大的空隙，沿着骨节间的空穴使刀。后来用“批郤导窾”比喻善于从关键处入手，找到解决问题的办法。如果把文稿的内容比作一只牛，那么，这只牛的“隙”和“窾”就是意群，写好内容的关键就在于从意群下手。《列子》中有一个故事叫“视虱如轮”，说的是一个叫纪昌的射手在学箭时，在师傅的指点下，学会把要射的目标在视野中放大，比如把一只虱子看得如车轮那么大，能够清楚地看到其内部结构，射起来自然更准了。运用意群这个概念，有助于我们达到“视虱如轮”的效果，更准确、更细致、更具体、更明白地把握文章的内容组成，更好地驾驭文章内容。

八种逻辑关系

内容是由一个个大大小小的意群构成的。因此，写实内容先要从写实意群开始。“意群”这个概念，有助于我们理解和处理文章中的逻辑关系。这些逻辑关系，在意群内部，以及意群与意群之间，无时无刻不在发挥作用。要写实意群，必须运用好这些逻辑关系。

世界上的事物是有机联系、相互影响的，它们之间存在着内在的逻辑关系。文稿是客观事物的反映，同样是一个完整的生命体，它的部分与部分之间、段与段之间、句与句之间有着一定的逻辑关系。把事物之间的关系理清了，文章也就好写了。逻辑关系不清，必然导致思维混乱，导致文章结构和文字表达混乱，有一些公文之所以犯偷换概念、改换论题、自相矛盾等逻辑错误，就是由于没有掌握起码的逻辑规则。

具体来说，写作要把握好以下八种逻辑关系，这里以《为什么中国海油能跻身世界50强？》为例来加以说明。

【例文】

为什么中国海油能跻身世界50强？

（节选）

一、对外合作使中国海油从弱到强

年轻的海洋石油工业，从它诞生的那天起就实施了全方位的对外开放。1978年3月，党和国家做出了坚持自力更生，在平等互利原则下，积极稳妥利用外国资金和技术，加快发展我国海洋石油工业的重大决策。同年，中国海洋石油总公司成立，享有对外合作开采石油的专营权。作为改革开放的排头兵，中国海油以对外合作为重要手段，积极引进资金、技术和管理经验，培育形成了竞争优势与核心竞争力，推动海洋石油工业从无到有、从弱到强。

一是海洋油气资源得到高效开发利用。

二是引进和积累了大量发展资金。通过对外合作累计引进外资337亿人民币，占中国近海总勘探投资的43%。

三是海洋油气勘探开发技术和装备能力大幅提升。

四是形成具有自身特色的管理模式，培养锻炼了人才队伍。

进入新世纪以来，中国海油坚定奉行“走出去”战略，在加强海外资源获取、建立海外油气生产基地、实施资产并购等方面都取得了重大进展。

二、坚持对外合作发展的基本经验

始终坚持“互利共赢”的对外合作理念。

始终坚持以合作促发展的正确方向。

始终坚持灵活多样的对外合作模式。中国海油在对外合作进程中，根据不同时期、不同阶段、不同海域的特点，有选择、有针对性地开展合作，对外合作模式不断创新。在发展思路上，逐步实现了从机遇型收购向战略型收购转变；在地域布局上，降低了投资的区位集中度，实现合理布局；在资源类型上，实现了从传统油气资源向液化天然气（LNG）、页岩气、煤层气、油砂等非常规油气业务的拓展；在合作方式上，采取了风险勘探、资产并购、参股合资等多种类型，提高了海外业务发展水平。

始终坚持防范对外合作的各类风险。

三、以对外合作的新突破实现中国海洋石油工业的壮大

回望30多年的发展历程，中国海油对外合作一路风风雨雨，既饱尝过向外方公司“拜师学艺”的艰辛，也遭遇了文化观念冲突、管理滞后带来的挑战，特别是海外业务时时刻刻面临着地缘政治等不确定因素带来的风险。但这些困难和挑战不仅没有阻挡中国海油对外合作的步伐，反而激发了我们攻坚克难的斗志，深化了对外合作运行规律的认识，使我们在国际化道路上走得更加稳健。

打造中国企业国际化经营的典范。

进一步提高国际化经营能力。

努力实现对外合作的新突破。

…………

一是总分关系。也就是纲目关系，所谓纲举目张。好比树的主干与枝丫的关系，主干是统领枝丫的，两者不能平列更不能颠倒。比如上述例文中，为了说明“对外合作发展中的基本经验”这一问题，从“始终坚持互利共赢的对外合作理念、始终坚持以合作促发展的正确方向、始终坚持灵活多样的对外合作模式、始终坚持防范对外合作的各类风险”四个方面来阐述，而这四个方面中的每一个方面，与基本经验这一问题之间，都是总分关系。

二是主次关系。也就是重点与一般的关系。它们之间本身并没有隶属关系，但相互之间联系密切，是影响与被影响的关系。要找出主要矛盾和矛盾的主要方面。继续用上面的例子，四个方面之间虽然没有隶属关系，但按照“重要内容在先，次要内容在后”的习惯，显然“坚持互利共赢的对外合作理念”是矛盾的主要方面，起着主要作用。只有先坚持互利共赢的理念，才可能顺利实施后面三方面的措施。

三是并列关系。相互之间不相隶属又相对独立的一种关系。这种关系出现的几率更高。天时、地利、人和；人、财、物；物质文明、精神文明、政治文明、生态文明；经济建设、政治建设、文化建设、社会建设、党的建设等等。比如关于始终坚持灵活多样的对外合作模式方面，从发展思路上、地域布局上、资源类型上、合作方式上四个方面进行论述，这四个方面就是并列关系。

四是递进关系。这是同一种事物不同发展阶段的关系。时间上的递进：古代、近代、现代、当代；空间上的递进：国际、国内、本地；学习上的递进：武装头脑、指导实践、促进工作。递进关系，有时也是一种特殊的并列关系，如季节中的春、夏、秋、冬，人生中的幼年、少年、青年、中年、老年，这其中每一阶段可以说是并列的，但它们又是有秩序的，不可以随便打乱编排。比如，谈到对外合作取得的成果，列举了四个方面，一是海洋油气资源得到高效开发利用，二是引进和积累了大量发展资金，三是海洋油气勘探开发技术和装备能力大幅提升，四是形成具有自身特色的管理模式，培养锻炼了人才队伍。开发资源、引进资金、提升能力、锻炼队伍，是一个依次实现的过程，所以这四点是逻辑上的递进关系。

五是点面关系。面是由众多的点组成的，为了说明面的情况，我们可以用点的事情来作为例子。这一方法经常用，关键是“点”的选择必须与“面”是存在内在联系的，是可以做到以点带面的。比如，为了说明“石油工业从无到有、从弱到强”这一个面的情况，可以选择“高效开发油气资源、引进和积累发展资金、勘探开发技术和装备提升、形成特色管理模式”四个点。

六是因果关系。事物之间存在必然的因与果的关系。揭示因果关系，可以增强文章的说服力和感染力。但这种关系不是人为制造出来的，而必须是客观存在的。它是文章内在逻辑关系的基础和核心，它有时需要明白指出，更多的时候体现在文章的整体构架和文字表述背后，而不必明白指出来。比如，上文的第一部分“对外合作使中国海油从弱到强”就构成了一对因果关系，对外合作是因，由弱到强是果；第二部分“坚持对外合作发展的基本经验”又与第一部分构成了因果关系，基本经验是因，取得的成就是果；第三部分“以对外合作的新突破实现海洋石油工业的壮大”同样是一个因果关系，新突破是因，海洋石油工业壮大是果。《为什么中国海油能跻身世界50强？》标题本身就提示了一个大的因果关系，全文都围绕这一中心问题行文，通篇在回答这个问题，形成了整个文章背后隐形的因果逻辑。

七是定性与定量的关系。事物的发展有一个从量变到质变的过程。对一件事情的判断，定性的说服力总不如定量的大。定性是一种大体判断，而定量则是一种精确判断。能定量说明的最好定量，但也不能绝对，数字要用得恰到好处，好钢用在刀口上。比如，定性说“引进了大量外资”，就不如定量说“累计引进外资337亿人民币，占中国近海总勘探投资的43%”，这样更加真实准确，更有说服力。

八是虚实关系。以虚带实，虚实结合。所谓虚，就是文章要有灵魂、有高度、有理论支撑；所谓实，就是文章要有数据、有案例、有事实支撑。虚实的比重取决于文章表达的需要，没有一定成规，但两者必须紧密配合，融为一体。比如在“坚持对外合作发展的基本经验”中提到一条“始终坚持灵活多样的对外合作模式”，具体内容是“在对外合作进程中，根据不同时期、不同阶段、不同海域的特点，有选择、有针对性地开展合作，对外合作模式不断创新。在发展思路上，逐步实现了从机遇型收购向战略型收购转变；在地域布局上，降低了投资的区位集中度，实现合理布局；在资源类型上，实现了从传统油气资源向液化天然气（LNG）、页岩气、煤层气、油砂等非常规油气业务的拓展；在合作方式上，采取了风险勘探、资产并购、参股合资等多种类型，提高了海外业务发展水平”。既有概括提炼，又有事实阐述，做到了虚实相间，有机结合。

六、语言宜活，忌陈

语言是思想的载体，是思维的工具，是文章最为鲜活的部分。在起草文稿时，提炼立意，确定主题，谋划结构，甄选素材，每一环节都离不开对语言的灵活运用。

就公文的语言来说，标准依次是准确、简洁、生动。但是，在很多人印象中，公文作为“官样文章”，往往是死板的代名词，四平八稳、面面俱到、面目可憎、味同嚼蜡，这固然有公文要求严谨的因素，但更多则是作者思想僵化、语言苍白的原因，做不到准确、简洁、生动，不能给人鲜活的感受，而是陈词滥调。要改变读者对公文的刻板印象，要切实从改变语言入手。

角色意识

毛泽东同志在《反对党八股》中写道：“俗话说：‘到什么山上唱什么歌。’又说：‘看菜吃饭，量体裁衣。’我们无论做什么事都要看情形办理，文章和演说也是这样。”因此，文稿的语言绝不是清一色的“打官腔”，而要根据用途、对象和要求的不同灵活掌握，该严肃的严肃，该活泼的活泼，该委婉的委婉，该激昂的激昂，这样才能与受众互动交流。一个没有语言风格的文稿，特别是讲话稿，就像一个人说话没有升降调，是很难吸引人的。

实际上，语言陈腐只是现象，假、大、空的作风才是根源。假，就是虚情假意。总是装腔作势，堆砌辞藻，内容不够词语来凑，要么华丽煽情，要么晦涩难懂，把简单的事情说复杂，令人茫然不知所措。大，就是好大喜功。不顾主客观基础条件限制，夸大其词，把目标定得很大，口号喊得很高，特别是倾向于歌功颂德，文过饰非，刻意掩盖存在的问题，极力吹嘘不值一提的成绩。空，就是空话套话多。以会议落实会议，以文件落实文件，照搬照抄，甚至生搬硬套、移花接木。不深入调查研究，不结合具体实际，内容空洞，语言干瘪，言之无物，写出来的文字总是千篇一律。这种作风和文风是坚决要杜绝的。

根据不同的文体，语言风格大体上有三类：条例、规定、意见类的公文需要的是严谨的书面语言；报告、总结、函件类的公文需要的是规范的书面语言，要求能够准确表达，不产生歧义；领导讲话则要求相对口语化，文句不能过长，还要根据领导的个人风格，注意适当的修辞，以增强文章的生动性和感染力。修辞的运用一定要恰到好处，不要舍本逐末。

起草领导讲话要讲“角色”意识，尊重和体现领导的个性。每一位领导讲话都有自己的风格、特点和要求，因此讲话稿在体现基本要求的同时，要把领导的意图领会清楚、特点体现充分。这就要求找准角色定位，善于“自我提拔”，以领导的思路、口吻，站在领导的高度来思考问题。只有符合领导“口味”的讲话稿才有特色，才可能出色。

我们先后为公司三任主要领导准备过在一些重大场合的演讲或者致辞，这些演讲大多是面向公众或者行业人士，就某个行业重大议题发表观点，总的要求都差不多，但由于领导个人风格特点的差异，每个人的致辞都呈现不同的特点。第一位领导在第四届中欧工商峰会全体会议上的发言，一开始就说：“当今世界正在发生广泛而深刻的变化。一些曾经熟知的事物已渐行渐远，一些知之不多、知之不深的事物正扑面而来，新挑战新问题新矛盾不断出现。一些挑战已经超越了国界，正威胁着全人类的共同利益，仅靠一个国家，少数企业或个别社会组织已无法形成有效的解决方案。国际社会必须共同承担责任，政府间、企业间要共同采取实际行动，应对这些挑战，促进人类社会不断进步和持续发展。”

结束时说：“当今世界的变革为各个国家特别是跨国公司的发展带来了新挑战，也带来了发展的新机遇。在新的时代条件下，企业界特别是跨国公司要生存要发展，仅仅成为跨国经营主体已远远不够，还必须成为跨国责任主体。我们需要转变发展思路，转变发展方式，追求和谐发展持续发展，共同应对全球气候变化问题。为此，中欧企业界应进一步加强沟通合作，分享治理经验，分享技术成果。为保护人类共同的家园，让我们共同承担起责任。”

从中能看出这位领导视野宏阔，气魄宏大，对气候变化这样的全球性重大议题观点鲜明，态度积极，体现了较强的责任感。

第二位领导在APEC蓝色经济论坛上致辞时说：“企业如何参与和促进蓝色经济发展，我们认为，首先，要积极推动海洋经济产业集群发展。各涉海单位尤其是大型企业，要发挥龙头企业的影响力和带动力，充分发挥产业的纽带、辐射和牵引作用，加快扩大海洋经济产业规模，加强技术创新和商业模式创新，整合市场资源、技术资源、人才资源、配套资源和服务资源，形成产业联盟，推动海洋经济产业集群发展。其次，要积极寻找和创新服务海洋经济发展的途径。企业要从单纯贡献海洋生产总值发展成为国家探索海洋、利用海洋的全新平台，深入探索海洋未知领域，不断丰富对海洋资源认识，在各种新型海洋能源资源的开发利用迈出新步伐。第三，参与构建多方协作的海洋经济发展格局。促进合作是APEC的重要理念，也是海洋经济未来发展方向。企业要在促进海洋经济发展方面坚持广泛参与，合作共赢，将自身发展与吸引合作伙伴的广泛参与相结合，推广合作共赢的理念，构建共同促进海洋经济发展的格局。”

紧紧围绕企业与海洋经济的关系来展开，提出明确而具体的倡议，体现了务实的风格。

第三位领导在中外石化跨国公司高层对话会上发言时说：“从20世纪90年代初迈出国门至今，我国石油企业‘走出去’已有20多年的历史，实现了从无到有、从小到大的跨越。为什么我国石油企业要走出国门、迈向世界呢？我认为主要有以下三点原因：第一，这是遵循国际石油行业发展的一般规律。油气资源和消费市场在全球地域上的分布不均衡，内在地决定了国际油气行业发展的规律，即必须打破区域市场的局限，实现资源的全球配置，而跨国公司是石油行业国际化的重要载体。特别是金融危机以来，全球能源格局继续发生深刻变化，国际石油行业进入新一轮调整和资源再配置时期。中国石油企业同样遵循国际石油行业发展的一般规律，利用市场化手段，推动能源资源在全球的优化配置，维护全球能源的供需平衡。第二，这是顺应经济全球化浪潮的内在需要。第三，这是满足国际资本市场要求的重要途径。”

可以看出演讲者深谙行业内部规律，观点鲜明，逻辑严明，说服力强，而且比一般人站得高看得远，体现了演讲者在行业的影响力。

准确，再准确

准确，即素材真实、数据准确、议论恰如其分，把要说的事、要讲的理说准确、讲明白，使内涵与表达意图完全一致，符合客观事理，做到条理清楚，逻辑严密，语言顺畅，让读者一看就懂。尤其是涉及人名、地名、时间、数字、段落顺序、引文等必须准确无误。文字、数字、计量单位甚至标点符号的用法都必须准确规范。对于汉语大量的意义相同或相近的词汇，必须在词语的细微差别和感情色彩上仔细推敲。准确明白是文章的基本境界，也是起码要求。但是，想要完全做到这一点，还需要关注以下三点。

一是语言风格偏向庄重平实。遣词造句应客观质朴，实实在在，语言朴素无华，表意真真切切，既不能是“雾里看花”，也不能是“水中望月”，给人“闻大道煌煌可正气，沐幽兰谦谦以清心”的公文本色。对描绘性的文学语言与浮华的辞藻应尽量少用或不用，修辞手法尽量简单，不搞渲染烘托、夸大其词，总结成就恰如其分，分析问题合情合理，提出措施切合实际。

二是尽可能使用书面语言。书面语区别于口语，比口语更加精确、更加严密，更有利于清晰明确地向受众传递准确信息。即使是在使用口语较多的领导讲话稿中，主体部分仍然还是书面语。

三是符合语法规范，没有语病，消除歧义。公文中常见的语病主要有错别字、语法错误、逻辑错误、简称不恰当、数字错误等方面的问题。公文语病的发生，多是由于语法知识不过关、责任心不强、粗心马虎、麻痹大意等原因导致的，需要注意造句要讲究语法法规法则和逻辑，句子成分要完整，句子中词语之间的搭配要恰当。

语言的运用中还要注意做到十个“不写”。不写正确的废话（不照搬照抄）；不写违背政治原则的话（慎用敏感话题、敏感事例）；不写没有根据的话（不听不信“参考消息”）；不写极端的话（指过头的话、明显跑偏的话）；不写没有时代感的话（指陈旧过气的老观点）；不写装腔作势的话（大而空，言之无物）；不写模棱两可的话（观点模糊，不知所云）；不写断章取义的话（指寻章摘句，把本来的意思弄丢了）；不写脱离材料语境的话（指把公文写成了散文）；不写没有思想内涵的话（指“以其昏昏，使人昭昭”）。

1954年4月28日周恩来在日内瓦会议上发表讲话：“我们认为，美国这些侵略行为应该被制止，亚洲的和平应该得到保证，亚洲各国的独立和主权应该得到尊重，亚洲人民的民主权利和自由应该得到保障，对亚洲各国的内政干涉应该停止，在亚洲各国的外国军事基地应该撤除，驻在亚洲各地的军队应该撤退，日本军国主义的复活应该防止，一切经济封锁和限制应该取消。”这段讲话被多种公文写作教材引用，被公认为公文语言准确、庄重的楷模。它在语言上运用了排比修辞，气势磅礴，充分显示了正义的力量。其中三组近义词组“制止、停止、防止”“保证、尊重、保障”“撤除、撤退、取消”，运用得极其精确。以第一组为例：“制止”对应“侵略行动”，“停止”对应“干涉内政”，“防止”对应“日本军国主义的复活”，搭配得非常恰当。如果相互交互位置，意义就会发生错乱，这就是用词用得恰到好处。

准确是公文的生命，必须慎之又慎，否则很可能由于一个小的纰漏，使一篇总体上很好的文稿前功尽弃。所以，在起草公文时，从内容的把握到语言的描述，到具体事实和数据，都必须做到准确，时时刻刻用是否准确这根准绳来衡量。比如，工作报告中在谈到成绩之外，往往也要谈到问题，对问题的把握是否符合实际，语言是否准确无歧义，都是要特别注意的。比如在一份对照检查材料中，在谈到“重大战略实施的推进力度不够，战略执行体系还不健全”的问题时这样描述：“战略的落地与推进有时较为滞后，战略与规划的衔接以及相配套的政策制度设计等考虑得还不够，在重大形势变化面前，战略方向的动态调整和优化不敏感、不及时，一些重大战略口头上说得多、付诸行动少，还没有完全建立战略、规划、执行与反馈的闭环管理体系。”这里面使用的限定词“不够”“有时”“没有完全建立”等，就是为了使问题描述得更准确，不把话说得太满，更加实事求是。再比如，在公司2016年总经理报告中提到：“在实际实现油价比年初预算油价大幅降低的情况下，通过公司上下共同降本增效，实现利润好于按实际油价测算的预算利润。”这句话就是经过认真斟酌，使其表达更准确，符合事物本来面目，也使读者理解起来没有歧义。还比如，我们在起草报告时曾经遇到一个专业术语“煤层气抽采量”，由于以前对它不太了解，想当然地认为抽采量就是常规油气中的产量，那么是否直接改为产量呢？经过询问才了解到，这里的抽采量是煤层气行业的通用术语，与产量的范围还不完全一样，如果用产量来替代，并不准确。了解这个之后，再遇到同样的问题，就能更准确地把握了。

简为文章之至境

公文语言要做到简洁凝练。文约事丰是公文用语的一条基本原则。简洁指风格质朴，自然去雕饰。常言道：“真理是朴素的。”好的文章应该朴实无华，不矫揉造作，不故弄玄虚，不生拉硬凑，当然如果能做到雕饰之后不露痕迹，饱经历练而臻于炉火纯青则另当别论。简洁也指内容凝练，尽量使用短句，用法精确，以一当十，少说一些“正确的废话，没用的空话，好听的套话”。

文章简洁要求多写短文、讲短话，篇幅属于形式的范畴，形式为内容服务，应量体裁衣，当长则长，当短则短。如果是一副小身材，却偏要穿一件大褂，那就不伦不类。过去，人们往往要求“有话则长，无话则短”，若以新的眼光来审视，便可显出它的缺欠。“有话则长”尚可理解，但既然“无话”又何必非要“短”不可呢？因此，我们应当提倡的是长话短说，无话不说。

长文之风产生的原因主要有三：一是形式主义作祟，错误地认为只有长文章才能显示对工作的重视、显示文字工作的水平。更有甚者，受“不求有功，但求无过”的错误思想影响，生怕承担遗漏某方面工作的责任，有意把材料写得长，写得面面俱到，让人挑不出毛病。二是分析概括能力不强，抓不住重点，抓不住本质，觉得什么都重要，什么都不能丢。三是低估读者的理解力，生怕讲少了读者不能理解领会。

古今中外用短文章讲清大道理的例子俯拾即是。比如《谏逐客书》《葛底斯堡演讲》和“老三篇”（《为人民服务》《纪念白求恩》《愚公移山》）。只要抓住事物的本质，小文章也能讲清大道理。

比如在一次工作会议结束时的领导总结讲话中，强调要“把切实改进工作作风落到实处”，具体这样阐述：“一是切实加强和改进调查研究。多到矛盾突出的基层去，多到困难较多的一线去，听真话、摸实情、重实际、找对策，使各项决策和政策规定更有针对性和现实意义，调动广大员工的积极性，提高工作的实效性。二是大力转变文风会风。开短会、写短文、讲短话，少讲成绩、多讲问题，坚决杜绝以会议落实会议、以文件落实文件。机关部门现在就要清理，可开可不开的会坚决不开，可发可不发的文件坚决不发，可以合并的内容坚决合并，不图形式，不走过场，实事求是。三是弘扬艰苦奋斗、勤俭节约的优良传统。牢固树立过紧日子的思想，厉行节约，严格控制非生产性开支；勤俭办事业，集中优势资源发展主业，把钱用在刀刃上；大力加强降本增效，合理控制成本，努力开源节流，提升经济效益。四是真抓实干，切实提高工作效率。树立求真务实的作风，把心思花在干实事上，把精力用在促实干上。在困难和挑战面前敢于攻坚，勇于突破，积极创造条件，主动开展工作。敢于担当，敢于负责，讲真话、出实招、办实事。狠抓各项工作任务的落实，敏于行、慎于言，动真格、求实效，做到言必行、行必果，不搞形式主义，不做表面文章。五是密切联系群众，保持与群众的血肉联系。加大服务基层、服务一线的力度，多深入群众了解实际情况、听取意见建议，做到问计于民、问需于民，紧紧依靠广大群众发展事业。坚持把发展企业与造福员工有机结合起来，破解事关改善民生的重点难点问题，提供优质矿区服务，推进用工、薪酬、分配制度改革，下大力气解决员工生产生活困难，让广大员工分享公司发展的成果。”

内容充实，要求具体，行文洗练，条理清晰，简洁有力，掷地有声。

再比如，在一次与机关新任干部的集体谈话会上，领导讲话时说：“党组对干部工作一直是高度负责的，在这次干部调整过程中，党组十分慎重，对每一个干部的任职，都经过了认真考虑、反复考虑。我理解，这种负责是双向的。一方面，组织要对发展负责，要对干部负责。选人用人的时候，干部在看组织，也就是干部希望组织不要亏待了那些埋头苦干的人，真正把那些想干事、会干事、能干事、干成事的人安排到合适的位置上去，这是组织对干部负责的问题。另一方面，干部要对工作负责、对组织负责、对群众负责。也就是要求我们的干部必须一心一意、尽心竭力做好工作，不辜负组织的重托和群众的信任，这是干部对组织负责的问题。希望我们每个同志这次职位调整不管是进，还是转，都要更加认清自己肩负的责任和使命，时刻牢记领导岗位是稀缺资源，更是公共资源，做到权利面前勤思义务，职位面前多想责任。希望每个同志都能正确看待自己，正确看待他人，正确看待组织，要既要懂得组织的良苦用心，更要懂得珍惜机会，尽快进入新的角色，在新的征程中起好步，早日开拓工作新局面。”

言简意丰，语重心长，值得反复回味。

文稿起草者要练就简洁文风的基本功。精简文稿，可以从以下三个方面入手。

一是避免重复。包括标题与内容的重复、起句与内容的重复、前后的重复以及句子跟句子、词跟词之间的重复，注意运用承前省略或承后省略来避免重复累赘。写完后用心去“砍”，把多余的段落砍掉，把无关紧要的词句砍掉，把空话、大话、套话、废话砍掉。如“地处××市的××公司违法建设住宅楼，位于××路2号，紧邻××小区，是××公司于2005年违法建设的住宅楼，现有居民72户”，这段话中的“地处”和“位于”明显重复，并且原本可以只做一次主语的“××公司”，却多次作为主语出现，没有做省略处理。这段话可以精简为：“位于××市××路2号、紧邻××小区的××公司于2005年违法建设住宅楼，现有居民72户。”

二是概括归纳。包括段旨句的概括、意群的归纳梳理、结论的提炼。例如，在某单位的干部大会上，工作多年的一把手领导发表离任前的最后一次讲话，在回顾在该单位的经历时说：“我们制定了‘二次跨越’发展纲要，明确了公司中长期发展的战略目标。我们突出抓油气主业发展，努力提升发展质量和效益，国际化经营、深水勘探开发迈出重要步伐。我们着力提升管理水平，强化基础管理工作，夯实公司发展根基，体制机制改革取得新进展。我们全面推进党的建设，切实转变作风，狠抓队伍建设，大力推进反腐倡廉工作，努力营造风清气正的发展环境。我们克服了生产经营中的许多困难，保持了又好又快的发展势头，各项经营指标连续迈上新台阶。”

多年的工作如果展开去讲，恐怕几个钟头都未必讲得完，但通过归纳、梳理和提炼，讲话稿只用了五个“我们”就完成了对多年工作的高度概括。

三是锻造炼句。包括每句话、每个词、每个字、甚至每个标点符号都要进行精深锤炼，使字字句句都讲到点子上，讲到实处，做到陈述事实开门见山，议论一语破的，对策管用可行，不蔓不枝，干净利索。即使是必须用大篇幅才能论述清楚的报告也要力避冗长。

接地气

公文用语在准确、平实、简明的前提下，也必须做到生动活泼，力求语言美，以增强其可读性。语言美，不是文学作品的专利。但在有些人看来，好像只有文学写作所使用的语言才有美；而公文则是“板起面孔讲官话”，单调、枯燥、干巴、平淡，跟美沾不上边。这种看法不够全面，也是不符合实际的。

语言只有“接地气”才生动。毛泽东同志在《反对党八股》一文中，列举党八股的第四条罪状是：语言无味，像个瘪三。他说：“上海人叫小瘪三的那批角色，也很像我们的党八股，干瘪得很，样子十分难看。如果一篇文章，一个演说，颠来倒去，总是那几个名词，一套‘学生腔’，没有一点生动活泼的语言，这岂不是语言无味，面目可憎，像个瘪三吗？”

公文虽然不是文学作品，但同样是需要讲求形象生动。只有写得生动，才有利于增强公文的可读性，加深读者的具体理解，以利于贯彻执行。翻开《毛泽东选集》，那一篇篇公文，是如此生动，无不闪烁着理性的思辨和艺术的光辉。毛泽东同志在《工作方法六十条》一文中特别强调文章和文件都要具有生动性，“做经济工作的同志在起草文件的时候，不但要注意准确性，还要注意鲜明性和生动性，不要以为这只是语文教师的事情，大老爷用不着去管”。

公文的生动性主要取决于形象化，需要使用生动形象的语言表现形式，不仅把事理说得准确明白，而且让人读起来有兴致。公文写作中所讲的形象，固然不能与文学写作中的形象化相提并论，但在不失庄重平实的条件下，也很注重形象具体，给人一种生动的感觉。如在公文用语中，从外界（医学、科技及日常生活用语等）引进不少术语，通过借代、比喻、比拟等修辞手法，使所要表达的事物具体化、形象化；同时，还要注意使用一些成语、歇后语、典故以及一些富于哲理的趣味性语言，以增强公文用语的生动性。例如用“红眼病”比作追逐金钱，嫉妒别人致富的人；用“输血”比作源源不断的救济；用“伯乐”泛称尊重知识、尊重人才的领导干部；用“苍蝇老虎一起打”比喻一视同仁、绝不姑息，坚决反对腐败的决心。

毛泽东同志起草的大量公文，是非常注意有关成语、典故、谚语及群众口头语引用的，以把深奥的革命道理浅显易懂地告诉给广大干部群众。以《湖南农民运动考察报告》为例，其所引用的古语、成语、典故等就有20多处。这就要求起草者要学会向基层学习语言、向群众学习语言。毛泽东同志说：“人民的语汇是很丰富的，生动活泼的，表现实际生活的。我们很多人没有学好语言，所以我们在写文章做演说时没有几句生动活泼切实有力的话，只有死板板的几条筋，像瘪三一样，瘦得难看，不像一个健康的人。”

在党的群众路线教育实践活动动员大会上，领导在讲话中做工作部署时，要求以好的作风开展好教育实践活动，强调“要做到力戒形式主义，不走过场，做到‘不虚’；着力解决突出问题，做到‘不空’；紧紧围绕为民务实清廉，做到‘不偏’”。具体体现在五个方面：解决突出问题，防止“空对空”；注重分类指导，防止“一刀切”；坚持开门搞活动，防止“封闭式”；推动中心工作，防止“两张皮”；注重建章立制，防止“一阵风”。这里的语言运用就体现了既严肃又活泼的特点，把明确的要求融入通俗易懂的语言当中，比干巴巴地提要求效果要好很多。

追求语言的活泼，不应只是表面上使用一些俏皮话或者流行语，生动形象更多指的是文稿的一种内在精神，思想活泼，思维敏捷，力避呆板、老套、枯燥、模式化、概念化。

【例文】

不确定性国际经济背景下的并购策略

——在《财经》杂志并购专题论坛上的演讲

2008年10月15日

当前，源起于华尔街的金融海啸正在给一体化的全球经济带来前所未有的考验。包括美国、欧洲、日本等在内的发达国家和地区的金融体系和实体经济遭遇到了巨大的冲击，发达国家经济体正在不确定和不稳定的浪涛中飘摇。

与之相对应，作为后发国家和新兴经济体的中国，虽然由金融海啸引发而来的投资减弱和出口萎缩同样会产生一些消极影响，但总体上来看，依靠庞大的内需市场和工业化、城市化、市场化强力驱动的增长惯性，仍将保持经济实现平稳较快增长。在这一背景下，人们难免会对发达经济体的金融资产和实体资产进行大举并购产生诸多猜想。一些人士认为，此时到西方国家大量兼并产业资本和金融资本，转“危”为“机”，既是积极参与全球联合行动以平抑危机的举措，更是提升中国经济体系的地位，实现产业升级的难得机遇。当前不确定和不稳定的国际经济背景，对中国经济的发展尤其是中国企业的兼并冲动而言，究竟是机会还是陷阱？对这些问题的解答正考验着我们的商业智慧和定力。

并购是助推企业成长“工具箱”中的一种技术工具，而不是企业发展的终极目的。企业不能单纯为了并购而并购。面对行业排名、规模等诸多诱惑，保持理智、清醒的头脑非常重要。并购应与企业自身的发展战略相适应，符合企业发展的客观战略需求，企业必须根据自身的内在需要和战略布局做出判断和定位，而不能贸然出击、盲目并购。并购的目的归根到底要能够使企业实现自我价值增值，取得技术、市场、人力资本等方面的跨越式发展，并降低运营成本，产生协同效应。因此，能否从企业自身发展的内在需求而不是客观环境的诱惑出发来考虑并购的必要性，能否通过并购实现既定的战略目的，无疑是战略决策中必须权衡和考量的关键。

并购既要看宏观形势提供的利好，更要始终立足企业内部的微观环境，根据自身的掌控能力、组织架构、资源配置等特点，在并购行动的具体操作中做出合理的决策和安排，提高产业、资源和文化协同性。无论在何种情况下，都应该遵循并购的一般规律，在并购中注重资产质量，在并购后重视产业和文化整合。并购者不能因为时机和目标的提前出现而仓促上阵、草率行事，甚至在当前复杂的金融和经济形势下，做出并购决策时应该比往常更加注重风险防范，更加谨慎而周密。不确定和不稳定经济条件下的并购行动，的确能促使企业更加熟悉市场的“水性”，提高企业辨别风险和掌控结局的能力，但在实操过程中，企业所肩负的责任和股东利益，容不得在充满风险的市场上进行“试错”。当前，在兼并目标上对金融资本和产业资本应有所甄别和取舍，更加关注产业资本未来的走势。进而言之，在产业资本并购的过程中，也必须重视和加强对金融风险的防范和处理。产业资本收购也要通过资本市场和证券市场方能实现，当前由于股市的跌宕，似乎带来低价进入的良好收购机会，但在操作过程中面临汇率变化等一系列不确定因素，并购完成后也会受到对象国经济形势波动的影响。因此，在充分研究的基础上提高实际操作水平，对收购成功具有决定性影响。

在兼并时机的选择上，当前不确定的外部环境看似的确为并购提供了较好的外部条件，但企业并购的充分条件是由企业发展的阶段性特点所决定的，即企业是否到了必须通过并购获取资源和市场来支撑发展这一步。把脉企业的阶段性特征、辨别并购对企业的必要性，是必须置于做出并购行为之前的工作。如果企业在内部市场尚有广阔发展空间、市场和资源都没有受到明显制约的情况下，跟风从众或者急功近利地进行并购，则无异于揠苗助长。我们的许多产业在国内还未处于饱和市场状态，在当前刺激内需的趋势下，应该立足本土市场发展壮大，以获得更好的资本回报。我们许多企业所需的生产要素，国外并不比国内具有更多的可比优势或一些要素的增殖还受到诸多限制，在这一背景下扬长避短，立足国内挖掘潜力依然乃是明智之举。

但是，尽管存在一些不确定性，但从总体上判断，当前国际国内经济形势发展为中国企业海外并购提供了更多的可能性。这种时候，每一个有此愿望的企业所应该做的是，对面临的机会、风险和成效等做认真的技术分析，找出中国整体最佳投资模式，明辨适合自身的并购切合点，确定自己的方向和定位。从大的方向而言，中国作为一个资本依然相对短缺、资源后劲不足的国家，企业应该着眼于使自己的资本在并购中产生最大效益，选择合理的并购领域和目标。在金融危机继续蔓延、后续影响难以准确评估的情况下，大举并购国外的金融资本，存在着较大风险，不是最理想的时机。而对产业资本而言，已经出现了一个良好的并购时间窗口，趁此机会获取我们所需的技术、资源、装备等生产要素，可以有力推动产业升级，提高技术能力，缓解资源约束。因此，应该积极鼓励和支持资源类、能源类行业加快并购步伐。与此同时，我们还要看到，国际并购是一种交互式行为，尤其是当前国际经济形势使中国成为国际游资的“避风港”，因此，在收购国外产业资本的同时，也要对境外资本并购我们的民族品牌保持足够警觉。尽管收购是企业的市场行为，但在一些关系国计民生和经济发展命脉的产业领域，政府应该出台相应政策进行保护，中央企业等经济主体也有责任和义务在保护好民族经济品牌的行动中做出更加积极的举动。

从世界范围来看，每一次大的危机都将加速促进全球经济格局的变革。当今，中国对世界经济的推动作用正日益明显；从经济发展趋势来看，中国正处于经济转型和加快发展的关键阶段，更大范围和更深程度上参与世界经济显得重要而且必须。对于每一家有志于在全球经济舞台上有所作为的中国企业而言，并购都是摆在面前的一个重要课题。时代给中国企业提供了千载难逢的发展机遇，要在世界经济舞台上发挥更加的作用，我们需要更大的胆识与勇气，更多的责任与担当，同时需要更多的智慧与策略。

例文是2008年金融海啸之后，在一次企业并购专题论坛上的演讲稿。全文语言准确简练、规范得体，“水性”“避风港”等一些修辞的运用准确又不失生动活泼。议论娓娓道来，使人欣然接受。虽然表面措辞风平浪静，所表现的全球并购格局却暗流涌动，给人认识形势，发现问题，启发思考留下广阔空间。

文贵创新

对于长期从事文稿起草的人来说，最难写的稿子莫过于分量很重又要常讲的文稿。因为这类文稿要么是常规性的、惯例性的，框架、风格、内容都比较稳定，要么是同一个主题，要在不同地方、不同场合反复讲的。这类文稿如果没有新的思路和写法，很容易老腔、老调、老面孔，落入俗套，味同嚼蜡，讲一堆正确的废话。对于这类文稿，一定要解放思想、敢于突破，在主题思想一脉相承的前提下，尽可能用新概念、新材料、新语言，使人耳目一新。

文贵创新，这种创新表现在各个方面，如观点、方法、结构、词句、体裁、风格等等，但重点是观点创新。李渔认为：“意新为上，语新次之，字句之新又次之。”比如，北宋文学家范仲淹的《岳阳楼记》，一句“先天下之忧而忧，后天下之乐而乐”，喊出了千百年来中国文人士大夫的至高理想，达到了文章“言前人所未言，发前人所未发”的最高境界。

比如，在“三严三实”党课材料中讲到“用权不严”的表现时，列举了假公济私、以权谋私等现象后，又另起一笔：“同时我们还要注意一种现象，在从严治党的新常态下，有的干部信奉‘宁可不干事，也要不出事’，在其位不谋其职，虽然不敢伸手，却也没有担当，在工作上推诿扯皮、敷衍塞责，遇到矛盾问题绕道走，对不良现象姑息迁就，还为自己不担当、不作为找借口。这其实也是用权不严行为的一种表现。”

在谈到“谋事不实”时，也有这样一段：“实是一种态度，也是一种能力。一些人之所以热衷于作秀、沉迷于表面文章，夸夸其谈，华而不实，除了作风虚浮，与能力不足造成的本领恐慌也有很大关系。许多‘不实’的背后，是‘不能’的问题。一些干部遇到难题往往采取鸵鸟政策，把矛盾盖起来、让自己藏起来，推动改革总是习惯挂空挡，不敢迎着困难上、顶着压力干，一个重要原因就是老办法不管用、新办法不会用、笨办法不顶用，既无法向前迈步，又不甘落于人后，既没有能力水平，又怕说自己不行，于是官僚主义、形式主义就来了，实事求是的作风就丢了。”

这两段话之所以让人印象深刻，就是因为体现了观点创新，在通常的认识之外，一针见血地指出一些习焉不察的现象，并大胆地做出判断，提出了新的观点，达到了“人人心中有，人人口中无”的效果，让人产生“确实如此”“恍然大悟”的感觉。

文章创新还体现在打造亮点，使讲话有突出的亮点和闪光点，“千羊之皮，不如一狐之腋”。要注意培育闪光点，用最精彩的语言挖掘出亮点，把它突出和烘托出来，这样讲话稿才能有深度、出思想，而不是平平的流水账，既让听的人容易记住文稿的中心思想，又在某一领域内叫响了一些提法。文章好写，点睛之笔难求。一篇文章创新出彩，就一两个独到的观点，几十个字。有了它，就能使文章亮起来。打造亮点前提是解放思想，实事求是，推陈出新，只有对情况熟悉了、把道理想透了、将认识深化了，并做出凝练的概括、通俗的表达，才能写出至理名言，才能留下痕迹。一篇好的文稿，能够有一两个观点、一两句话让人受到启发、受到震撼、印象深刻，流传久远，那就是很高水平了。

1992年1月19日，邓小平在视察南方时说过：“推翻帝国主义、封建主义、官僚资本主义的反动统治，使中国人民的生产力获得解放，这是革命，所以革命是解放生产力。社会主义基本制度确立以后，还要从根本上改变束缚生产力发展的经济体制，建立起充满生机和活力的社会主义经济体制，促进生产力的发展，这是改革，所以改革也是解放生产力。”同样在这次南巡中，邓小平还提出“发展是硬道理”，一语中的，一言兴邦，为中国至今长达30多年的高速发展奠定了思想基础和理论基础，成为永载史册的著名论断。

我们在公司文稿起草工作中，结合实际，经过认真思考、准确概括，提出了“专业化发展，市场化运作，集团化管理”“从浅水到深水、从国内到国际、从上游到上中下游一体化”的“三大跨越”等表述，言简意赅，含义丰富，让人易记易懂，因而被广为接受。

语言的创新还表现为语言张力。张力即语言的活性与表现力，表面风平浪静，但内在有情感、气韵、时间、空间的流动，形成一种内容与形式互动。措辞练达精简，又入木三分，节奏张弛有度，收放自如，不拖沓不夸张，如弓之开合，给人一种蓄势待发、从容铿锵的感觉，并且留出极大的再思考空间。北宋大文豪苏东坡在《答谢民师书》中的“初无定质，但常行于所当行，常止于所不可不止”，以及明代谢榛在《四溟诗话》中讲的“诵之行云流水，听之金声玉振”，指的就是这种语言的张力。当然，这是一种很高的境界，不是一般人随便可以达到的，但值得有志于此的人毕生追求。

毛泽东同志于1948年12月17日以中原、华东人民解放军司令部的名义，写给国民党徐州剿共副总司令杜聿明等的《敦促杜聿明等投降书》一文，堪称运用语言艺术的典范。这篇只有800多字的敦促书，从里到外，从头至尾，遣词用句充满了外柔内刚、张弛自如的特性，细细品读，其艺术魅力无不令人倾倒。

比如，公司前任领导在离任讲话时说：“在四年多的时间里，我和大家朝夕相处，共同见证了公司的发展和进步，对公司产生了难以割舍的感情。我庆幸自己赶上了海洋石油事业蓬勃发展的好时代，庆幸自己在这段时光里不断丰富着石油阅历。此时此刻，与大家相处共事的一幅幅画面、一幕幕经历，勾起了我对公司的深深眷恋，从心底感激全体干部员工对我的信任和支持。不管在哪里工作，我都会因为曾经成为公司一员而倍感自豪。同时我也深深感受到，发展好海洋石油事业一定要紧紧依靠党的领导，一定要紧紧依靠广大干部员工队伍，一定要维护一个团结和谐、风清气正的环境。”

此段讲话情感饱满而又表达内敛，言辞简洁而又意蕴丰富，符合当时的场合和讲话者的身份，听者能感受到讲话者满腔的复杂感受，达到情感上的交互，体现了语言的张力和表现力。

七、文气宜通，忌断

气，在中国古代是一个极其重要的概念，被认为是万事万物的本源。“文气”说将“气”从哲学范畴引入文学领域，最早见于曹丕的《典论·论文》，提出了“文以气为主”的著名论题。（“文以气为主，气之清浊有体，不可力强而致。”）著名哲学家李泽厚先生认为，它昭示了文的自觉时代的到来，具有跨时代的意义。

在中国这样一个有着悠久历史的文章大国，“文气”一直受到历代文人推崇，从曹丕的“主气”，韩愈的“气盛宜言”，苏辙的“气充乎其中而见乎其文”，一直到桐城派刘大櫆的“积字成句，积句成章，积章成篇，合而读之，音节见矣，歌而咏之，神气出矣”。在后世的文学评论中，“文气”的衍生含义多种多样，有本体论的文气说（文学的本源），主体论的文气说（文本于人之元气），风格论的文气说（文气取决于作者才性气质），鉴赏论的文气说（知人论文）。

从文稿起草的角度来说，“文气”更多的是从创作论的角度来说的，即文中之“气”是作者所禀之气在文中的映现。作者所禀之气既含先天禀受的生命力，又包括后天形成的思想观念、气质、个性在内。它们依靠人的生理之气的运行，通过建构意象、排列文字符号映现出来。

意气、气势与气脉

文气主要体现在以下几个方面：

一是使文有意气。意气本指人的思想、性情、兴致，这里主要指人之意气体现于外的文风，它能映现作者的人品、见识、经验、态度等内在的素质。两宋之交时期的李纲认为：“文章以气为主，如山川之有烟云、草木之有英华，非渊源根抵所蓄深厚，岂易致耶？士之养气刚大，塞乎天壤，忘利害而外死生，胸中超然，则发为文章，自其胸襟流出，虽与日月争光可也。”就是说，文章要有意气，作者需要在个人综合素质方面有极其深厚的积累。要涵养自身的振奋豪迈之气，忘记个人的利害得失，超然于小格局之上，那么写文章时，自然有一股俊伟豪迈的风发意气从胸中自然流出。

毛泽东说过：“天下者，我们的天下，我们不说谁说？”正是因为从小胸怀大志，胸怀伟大的理想和抱负，“书生意气，挥斥方遒”，毛泽东的文章才有这种集意气、大气、才气于一体的非同凡响的文气，令人叹为观止。孟子说：“吾善养浩然之气。”胡宏说：“至于杰然自立，志气充塞乎天地，临大事而不可夺，有道德足以替时，有事业足以拨乱，进退自得，风不能靡，波不能流，身虽死矣，而凛凛然长有生气如在人间者，是真可谓大丈夫。”岳飞的《满江红》，梁启超先生的《少年中国说》，王阳明先生的诗句“须怜绝学经千载，不负男儿过一生”，曾国藩的诗句“千秋邈矣独留我，百战归来再读书”，李鸿章的诗句“一万年来谁著史？八千里外觅封侯”等等，都是意气风发，充满至大至刚的阳刚之气。

公文的意气，同样来自起草者身上。起草者需要在日常注重提高自己个人的素质，坚持公文起草之“道”，坚持“以道驭术”，不断涵养自己的品格情操，锤炼自己的意志品质，拓展自己的胸襟情怀，久而久之，自然有一股凛然之气自文字流出。具体来说，公文起草要做到，秉持一片公心，涵养一股正气，倾注一腔热情，文稿自会映现出这种意气。

某单位召开有关坚持“三严三实”的青年干部培训班，领导在开班讲话稿中结合“三严三实”对青年干部提要求，强调要自觉践行“三严三实”作风，做事业发展需要的好干部，并从几个方面进行阐述：“严以修身”的关键是“立境界”，“严以用权”的核心是“廉作风”，“严于律己”的要旨是“擅自省”，“谋事要实”的基石是“戒骄躁”，“创业要实”的重点是“求实效”，“做人要实”的根本是“行正道”。

这几点要求符合“三严三实”的高要求，又紧密结合公司实际，体现了严字当头、实处入手的特点，流露出一种浩然正气，具有较强的思想性、针对性和指导性。在提到“牢固树立正确的进步观”时，有几句是这样的：“追求进步是人的天性，但是，如果把追求进步仅局限在职务晋升上，那就会使人生格局变得狭窄，难以有大的发展，甚至陷入死胡同。作为中青年干部，我们一定要牢固树立正确的进步观，在职位上知足、在事业上不知足，在权力上知足，在能力上不知足。要时刻激励和鞭策自己，把学习进步、思想进步、工作进步、作风进步看作是最大的进步，立志做大事而不是做大官，把心思和精力用在干事创业上。”

这几句话，拨乱反正，掷地有声，试想当时在座的青年干部谁不受触动，谁不受鼓舞，这就是文章的意气。

二是使文有气势。气势是一种力度美，所表达出的是作者坚定的理念、激越的情感、强烈的感受。宋代大儒朱熹说：“气势之说，如所云笔所未到气已吞、高屋建瓴悬河泄海。”“行文要紧健、锋刃快利，忌软弱宽缓。”文章的气势来自语句所包蕴的一种无法阻挡的力量，这种力量是作者注入其中的。

文章为什么有气势？从根本上讲，因为有思想，有洞见。毛泽东文章的最大特点是磅礴凌厉的气势，就是因为他具有深厚而独特的思想，而且是先进时代的思想，是一个伟大的政党、一支战无不胜的队伍的思想。他讲过："文章须蓄势。河出龙门，一泻至潼关。东屈，又一泻到铜瓦。再东北屈，一泻斯入海。行文亦然。"在毛泽东的文章中，这种如黄河奔涌而出的磅礴气势随处可见。《民众的大联合》一文中写道："我们中华民族原有伟大的能力！压迫愈深，反动愈大，蓄之既久，其发必速，我敢说一句怪话，他日中华民族的改革，将较任何民族为彻底。中华民族的社会，将较任何民族为光明。中华民族的大联合，将比任何地域任何民族而先告成功。诸君！诸君！我们总要努力！我们总要拼命地向前！我们黄金的世界，光华灿烂的世界，就在前面！"文中字字句句都迸发着力量，这种气势来源于鸿鹄千里之志，来源于对时代的睿智把握，来源于对整个中国革命的高瞻远瞩，有了这些，才能有这振聋发聩之声。

起草公文，特别是领导讲话、动员报告时，更要尽可能突出文稿的气势。使文稿具有气势，文稿起草者除了要在思想深度上下功夫，也有一些行文的技巧可以借鉴。一是必须内容充实，言之有物，这是最基本的条件。如果内容空洞，事实不足，仅仅在表现形式上做文章，是不能真正做到气势旺盛的。二是注意锤炼语言，尽可能使用结构简单，节奏明快的短句，使用雄壮有力、气势磅礴的措辞，适当运用排比、对偶、反复，使句式整齐，读起来音节和谐，声调铿锵，气势充沛，笔力雄健，有荡气回肠之势。三是适当使用一些修辞方法，在反映内容的同时能够产生一种美感，激发一种情绪，增强公文表达效果，吸引读者去深刻领会文章的内容，以达到鼓舞人心、催人奋进的效果。四是贯以真挚充沛的感情，以强烈的感情感染受众，从而更增强文稿的气势。

某单位工作会议的主题报告这样收尾："正值隆冬严寒，前路任重道远。2016年公司将面临更加严峻的形势和前所未有的挑战。困难当前，信心比黄金重要，行动比口号重要，我们要科学认识新形势，切实树立长久度寒冬的思想观念，不松劲，不懈怠，不畏难，顽强拼搏，扎实有为，凝心聚力打好生存发展攻坚战，完成既定的目标任务，实现‘十三五’良好开局。”

几组祈使短句的运用，以及对偶、借代等修辞的使用，在坚定信心、鼓舞人心的同时，别具一番气势。

再比如公司召开了一次重大并购的总结表彰大会，此次并购是截至当时中国企业发起的最大海外并购，在国内外影响巨大，有很多经验值得总结，对于下一步工作也有很多方面值得强调。主要领导在讲话中关于下一步工作，最后一点是“勇于变革，积极探索，带动国内业务的全面发展”，这样说道：“在全球化经营和竞争当中，中国企业是后来者，只有虚心学习、勇于变革，才能不断前行。此次收购将为公司带来深远的变革，通过对公司现有的管理体制、运行机制和管理方式进行重塑和再造，最终形成你中有我、我中有你的双向融入、双向整合的过程。只有变革才能图强，才能促进和带动公司业务的全面发展，才能不断提升核心竞争能力。”

在认清自我的基础上对工作做实事求是的谋划和布置，不惮于反思自己，向被收购对象学习，这体现的其实是一种胸怀和自信，是一种内在的气势。

三是使文章气脉贯通。文章最贵一气贯通，即思维的脉络连贯畅通，结构的安排紧凑顺畅，首尾一体，一气呵成，给人势如破竹之感。不能磨磨蹭蹭，叽叽歪歪，欲说又止，欲罢不能。这里讲的文气贯通包括两个方面：一是思路上做到文理连贯，内容上合理、有序、连贯、周延；二是语气上做到文气连贯，外在表现形式上力求自然、连贯、流畅、通达。

为文不可装腔作势。古人论文，讲气贯长虹、力透纸背。唐代的李德裕说：“气不可以不贯，不贯则虽有英辞丽藻，如编珠缀玉，不得为全璞之宝矣。”可见，如果文章文气不能贯通，即使堆砌再多的华丽辞藻，也像串起来的零星珠子，不能成为一块完整的美玉宝石了。清代的曾国藩说："行气为文章第一义，卿云之跌宕、昌黎之倔强，尤为行气不易之法。"

比如2015年公司举办的中青年干部培训班，主要领导在开班讲话既要贯彻当时党中央关于"三严三实"的相关要求，又要借此机会对公司的干部工作提出要求，同时对参训的青年干部提出希望。这几个不同的角度如何统合在一起，是颇值得思量的一件事。起草者巧妙地找到"三严三实"这个结合点，用"三严三实"贯穿全文，把三个部分有机地结合在一起：第一部分，"坚持'三严三实'，锻造中国海油过得硬的干部作风"，阐述"三严三实"的重要性和指导意义；第二部分，"自觉践行'三严三实'作风，做事业发展需要的好干部"，结合公司实际和干部队伍建设实际，对干部队伍如何坚持"三严三实"作风提出明确要求；第三部分，"大力倡导'三严三实'作风，促进年轻干部健康成长"，对组织部门如何按照"三严三实"要求做好干部工作提出要求，并在该部分的最后，对青年干部群体提出希望。这样通篇下来，虽然内容丰富，但主线清晰，逻辑贯通，文气一以贯之，读下来显得流畅而又紧凑。可以说，这篇文稿是很好地运用文气的典范。

起承转合

要掌握行气的奥秘比较难，从技术上来说，先从起承转合做起，尽量做到脉络分明，一气贯通，"丝线串珠，顺流直下"。起承转合的行文套路，难度不是很大，只要多学习、多揣摩、多写作，是不难掌握的。

起与合，指的是文章的开头与结尾；承与转，指的是文章内部的连接与过渡。文章就像一部机器，起承转合就是装配的技巧，也就是文章写作的基本技巧。开头要开门见山、直奔主题；连接要顺水推舟、自然平顺；

转要见风使舵、力挽狂澜；合要水到渠成、干净利落。

如前面讲过，起承转合不仅仅体现在文章的构架中，体现在段落与段落之间，还体现在句与句之间，在宏观、中观和微观层面都能得到很好的运用。文章上下句之间没有必然联系，不讲承转关系，生拼硬凑，是写作之大忌。除了内容的逻辑承转要到位之外，还要善于运用一些逻辑连词进行段落与段落之间、句与句之间的过渡，以弥合相互之间文意上的“缝隙”，疏通整篇文章的文气。比如并且、同时、另外、此外、因此、但是等等这些逻辑连词，就能起到这样的作用。

比如，在“三严三实”党课材料中，在谈到“充分认识‘三严三实’的重大意义”时，第一点是“落实全面从严治党要求的重要举措”，具体内容如下：①全面从严治党是以习近平为总书记的新一届中央领导集体在科学把握党的执政与建设规律的基础上做出的重大战略部署，是推进党的建设新的伟大工程的必然要求，是实现“四个全面”战略布局的坚强保证。②全面从严治党的核心在“严”，“严”是贯穿全面从严治党的一条主线。习近平总书记强调：“欲知平直，则必准绳；欲知方圆，则必规矩。”这就要求必须坚持标准、严格要求，把严守政治规矩和政治纪律作为底线约束，进一步明规矩、严纪律、强约束，形成从严从实的氛围，营造风清气正的政治生态。③“三严三实”是在清醒把握现状基础上对党员干部改进作风提出的最新要求，真正切中了作风之弊的要害，切实把准了作风建设的命脉，是反对“四风”基础上作风建设的又一次升华，是对作风建设发出的最新动员令。④“三严三实”为新形势下党员干部修身做人、为官用权、干事创业立下了规矩，要求党员干部在平日里、在细节上、在实际中贯彻“严”和“实”的要求，致力于养成习惯、形成常态。⑤应该看到，党的群众路线教育实践活动开展以来，公司党员干部队伍的作风得到明显改善，呈现出新的气象，但也要看到，“四风”还没有完全根除，无论党员干部队伍管理还是党员干部自身，都还存在不少“不严不实”的问题。⑥我们必须牢牢把握“三严三实”要求，把“三严三实”这个规矩贯彻始终，以“三严三实”祛除歪风邪气，树立清风正气，切实推进全面从严治党。

这一个段落中，就很好地运用了起承转合的方法。①是起句，切入议题，提出观点，提领全段；②③④是依次承接，从全面从严治党到“严”，再到“三严三实”，层层推进，逻辑谨严，条理清晰；⑤是转折，从面上的情况到具体的描述，从正面立论到指出问题，虽只有短短两句，但意思转换形成了张力；⑥是最后收口，找到落脚点，合起全段。全段意思至此表达得非常充分而完整，内容清晰而贯通。

2016年公司反腐倡廉工作会讲话，全文分三个大的部分，分别是第一部分“深入学习贯彻中央纪委六次会议精神，把思想统一到中央决策部署特别是习近平总书记讲话精神上来”；第二部分“坚定不移推进党风建设和反腐败工作”；第三部分“坚定不移把全面从严治党要求落到实处”，结束之前还有一个段落（意思相对独立，但不用序号单独标出而是融入其他段落之中），对纪检监察机构强化监督执纪问责提要求。从结构上说，这也是一个起承转合的例子，第一部分“起”，认识形势，强调工作的重要性和紧迫性；第二部分“承”，对落实中央要求进行安排部署；第三部分“转”，结合公司实际，提出问题、分析问题、解决问题；最后段落“合”，对在反腐败工作中肩负重要责任的纪检监察机构提出要求。全文内容完整，要求到位，逻辑清晰，浑然一体，起承转合的运用使文气贯穿全文。

再比如前面举例用过的《为什么中国海油能跻身世界50强？》一文，在思路上，以“对外合作”为主线贯通过去、现在和将来，联通海洋石油工业从无到有、从弱到强、再到进一步壮大的总体成就、经验和战略部署。在语言上，语气流畅通达，起承转合自然平顺，尤其是对几个部分之间过渡段落的使用，承上启下，既使整体结构紧凑精炼，又进一步增加了思路的条理性和语言的流畅性。

统稿：踢好临门一脚

文气往往在单一起草者身上体现得更为充分，单一起草者能够从头到尾把握全文，在构思上、运笔上都能更方便地运用文气的理念。而合作完成的稿件，分工写作，然后依靠统稿完成，要体例完整、风格统一，进而文气贯通，则更难一些，对统稿者的要求也更高一些。

由于文气一般来自撰稿人所禀之气，不同的撰稿人，思维方式、思想观念、知识储备、认识能力、语言风格等都各不相同，所撰写部分的文气自然也各不相同。群体起草、分块负责的文稿合在一起后，就有多种文气相互杂糅、文气不畅的情况。因此需要有一位资深的“笔杆子”做统稿工作，以使全文文气贯通，浑然一体。

打个比方来说，就像踢足球，统稿者既是中场发动机，出思路，出提纲，负责协调和调度；又是前锋，需要有良好的意识和能力，跑位抢点，踢好最后“临门一脚”，确保文稿的意图实现；还是后卫，要查漏补缺，避免大的错误和疏漏。也好像武林高手练功，要把输入的杂乱的“真气”疏通理顺，不能让其乱冲乱撞以致走火入魔，这必然需要很深的“内功”。

所以，对一个资深的统稿者来说，统稿是一个再创造的过程，统好一个稿件，其难度甚至不亚于单独起草一篇稿件。但在实践操作中，大型稿件往往要由多个部门的人参与，一个人不可能熟悉各个方面的工作；有时由于时间特别紧急，出于效率的考虑，需要多人合作；还有出于培养人才的考虑，统稿者不可能事事亲力亲为，而要把责任分下去，“担子”压下去。在这些时候，统稿者要发挥好作用，要使文稿同样体现文气，而不至于相互冲突、参差不齐或者支离破碎，这既是对组织策划能力的要求，也是对文稿整体驾驭能力的挑战。

文稿起草一般有四种方式：一是单人起草，二是部门起草，三是多个部门组成起草小组起草，四是领导亲自起草或主持起草。无外乎三种模式：即个人承担、群体承担、个人与群体承担相结合的方法。对于比较简单的一般性讲话，可采用个人承担的办法；对特别重要的讲话，采用起草组的方式；对于政策性、全局性、指导性较强的重要文稿，则应当采用群体共同研究的方法；有时对一些由许多单项内容汇总起来的讲话材料，可采用个体分头起草，集体研究修改的方法。

分块负责的好处是分工明确，责任到人，能够有效及时地完成任务。但要使分块负责真正体现效果，而不至于流于形式甚至“拖后腿”，处理好分块负责与统稿的关系就至关重要，通过统稿做到体例风格一致、文气贯通，在这个过程中使撰稿者和统稿者都能发挥水平，得到锻炼和提高。因此要注意把握好以下几点。

既要分而不散，又要统而不死。具体分工时，可根据撰稿人员日常联系工作的侧重点不同因人而异。撰写过程中，可采取的办法：一是分块负责与逐段讨论的办法。形成提纲后，将撰稿人员集中起来，逐段逐段进行推敲，一部分一部分地讨论，使大家从整体上把握文稿，了解各部分的内在联系，这样能集中时间和精力，提高效率。二是分块负责与相互修改的办法。对撰稿人员交上来的稿子，通览后做到心中有数，但不急于统稿，要求大家互换稿子相互修改，使撰稿人员取人之长补己之短，互相学习，相互促进。三是分块负责与集体“会诊”的办法。集体“会诊把脉”，完善补充文稿内容，增强文稿的针对性和实效性。在实践中这几种办法可以交替使用。

比如公司在召开党建工作座谈会时，就采取多个部门共同合作的方式完成。从讨论提纲开始，多个部门的同志在一起，集思广益，各抒已见，确定最合理的内容提纲。经过讨论，大家认为应该从党的建设工作本身包含的内容出发，分别强调思想建设、组织建设、作风建设、反腐倡廉建设、制度建设等内容，并对党务工作者队伍建设提出要求。“六个建设”的内容框架形成后，就要分头写作了，根据各个部门的职责和工作范围进行分工，思想建设和党务工作者队伍建设由思政宣传部门负责，组织建设和作风建设由组织人事部门负责，反腐倡廉建设和制度建设由纪检监察部门负责，做到职责明确，各司其职。在分工写作之前，大家坐在一起认真讨论，确定各部门的内容要点，以及文稿的整体基调和大致风格要求，使大家对文稿整体上有一个了解和把握。同时确定一个总的统稿人，在写作过程中，统稿人与各个部门负责写作的同志进行分别沟通，及时进行纠偏和调整。各部门写好后，文稿汇到统稿人手中，进行初次修改，做到风格体例一致，内容不重复，逻辑匹配，详略得当。然后再把参与起草的同志汇在一起进行集体讨论，进行精细修改，进一步完善和补充。最后再由统稿人做最后的修改和润色，进行适当提炼，提升文章的效果。这样下来，整个起草过程就是一个分工负责与统稿相互促进、相得益彰的过程，充分发挥了两方面的积极性，使文稿内容和效果都得到了保证。

发挥撰稿人员的主观能动性。好的统稿者不能居高临下，不能只说不做，不能对参与起草的同志放任自流，过程中要始终起到关注、引导和提示作用。一是要在文稿起草前明确提纲。有了提纲心中就有了底子，大家都有共同讨论和推进的基础，但也要注意，由于事先对工作内容不完全了解，也不要过分拘泥于提纲，提纲是死的，而工作内容是活生生的，绝不是一个事先预设的提纲所能包容的，要鼓励大家敢于实事求是地修改或突破提纲。二是要从整体上把握工作。撰稿人员在构思动笔之前，除了对自己撰写部分要了解外，对整体工作的特点、重点也要有所了解，对各项工作在整体工作中的位置及进展要心中有数。三是要求撰稿人员尽量统一文稿风格。根据需要使用恰当的表达形式，是讲话稿就要写成讲话的口气，是汇报稿就用汇报形式，这样能减少统稿的难度。如果大家的写作水平不一样，可以提供范文供参照。四是增强撰稿人员的创新意识和责任心。尽量发挥撰稿人员的优势，围绕文稿主题大胆创新，提出一些有价值的意见。减少撰稿人员盲从统稿者意志的依赖思想，让他们不断闪现思想火花。但分块负责并不是随心所欲，无论分工撰写哪一部分文字，都要认真谨慎，大到谋篇布局、观点提炼、数据引用，小到语言推敲、标点符号运用等，都要尽量减少差错。

比如我们近几年在起草公司工作会议报告时，就采取多个部门人员参与的方式，主要包括政研部门、办公系统、宣传部门，有时根据需要适当吸纳其他综合部门或者业务部门以及基层单位人员参加。在这个过程中，统稿者需要发挥好牵头抓总、统筹协调、宏观把握的作用，从设定主题、确定基调、构思框架到组织内容素材，到后面的内容把关和修改完善，都要付出很大精力，特别是与领导沟通、领会意图方面，要及时准确，在需要修改时要冲得上去，站得出来，稳得住阵脚，在团队合作之间要合理安排、协调组织，当好“润滑油”，总之要成为团队的“定盘星”和“压舱石”。而在具体分工上，根据每个部门及每个同志的特点和优势进行合理分工，便于每个人发挥所长，达到1+1>2的效果。比如在2016年工作会议报告起草时，董事长和总经理的报告加上总结讲话共三份重要材料，由来自三个部门的六名同志具体承担，其中以政研部门的同志为主，办公系统和宣传部门各一名同志参与。在安排任务时，就充分考虑了个人的特点，由宣传部门的同志负责总经理报告的总结部分，这样便于发挥他了解信息及时、深入基层的优势，把工作总结到位，同时搭配一个政研部门的同志负责工作部署部分，并承担该报告的统稿工作；办公系统的同志负责董事长报告中“十二五”总结部分，这样能发挥他掌握信息全面的优势，同时安排政研部门的两位同志分别负责形势分析部分和“十三五”工作思路部分，以发挥他们的研究能力，并由其中一名同志负责该报告的统稿工作。统稿人在整体上进行思路设计和统筹把关。由于分工合理得当，组织有效，协调沟通顺畅，虽然起草团队人员不多，但效率较高，完成报告的效果也很好，得到了领导的认可和赞赏。

常见问题把脉

作为经常统稿、讨论稿件或帮助修改的文稿起草者，有必要归纳一下实际工作中经常看到的问题以及修改心得，希望能给大家提供一些统稿的思路和方法。

一是文稿写得太平淡，毫无吸引力。表面上该讲的事都讲到了，面面俱到，但给人的感觉就是提不起“神”来，缺少新的理论概括、理念、观点和思路，缺乏理论高度、思想深度或者对实际情况了解不够透彻，缺乏鲜明的观点和翔实的分析。

修改方法：要从理论上、思想上升华，给予更高的理论概括，补充有说服力的分析材料，把气势体现出来，把高度和深度讲出来。

二是虽然立意较好，但逻辑不清晰，层次不分明，内容比较空洞，不够严谨。乍一看写得很有气势，有观点，甚至还有不少新名词，但仔细一看，具体内容比较空泛，观点与观点之间、层次与层次之间缺乏必然的逻辑联系，有的观点没有佐证的材料，或者观点与观点之间是矛盾的，观点和内容没有达到有机统一，融为一体。

修改方法：这是那些具有一定理论素养、初学公文写作的人容易犯的错误。修改时要理清思路，理顺结构，严密逻辑，贯通文脉，补充与观点一致的内容，使文稿更有条理。

三是有些报告、讲话的内容较好，但观点缺乏提炼。

修改方法：关键是注重标题的概括提炼，达到标题与内容的统一，标题与整个文稿立意的统一，提升标题的准确性和新意。

四是有些报告、讲话文采很好，文字流畅、生动，气势也好，排比句一串串，很对仗、很工整，但联系实际不够，这些大都是简单抄袭的结果，有的整段抄别人的东西，不少空话、大话，但不接触自己的工作实际，还有的把过去的老报告拿来抄，缺乏创新。

修改方法：修改这样的文稿最费劲，可能要推倒重来，结合实际重新搭框架、调结构、加内容。可以借鉴别人好的东西，但关键要联系实际，融会贯通，把“普通话”变成“地方话”。

五是有些报告、讲话要分工作业，有的同志写的部分单个看很精彩，甚至可以独立成篇，但组装的时候就要大动干戈了。或者是内容缺乏概括提炼，讲得过多过细过于周全，没必要；或者是文章布局不协调，有的占用了别的方面的观点和内容。这种情况，可能是在讨论提纲时考虑不够仔细或者内容安排没有协调好。

修改方法：统稿时要把这样的章节放在整个文稿中去定位、去概括、去提炼，以体现前后呼应、一气呵成的效果。

六是有些部门提供的稿件，站的层次比较低，跳不出部门思维的局限，文稿的立意、观点、内容、工作举措都达不到领导讲话的要求。或者行文的内容过于具体、琐碎。

修改方法：要提升观点的高度和深度，善于在全局中定位、思考和谋划。

七是有些文稿不看对象，都是对下布置工作的写法，千篇一律，或者在向上汇报时讲大道理，写一些具体琐碎的工作，把工作讲话的内容往上生搬硬套，或者对基层下级讲一些深奥的道理、生僻名词等。

修改方法：关键要调整角度，把握对象的需求，有的放矢。

回顾本章内容，从六个方面，归纳了文稿起草（主要指领导讲话稿）的“六宜”与“六忌”。总结起来说，可以用48个字来描述。

立意要旨：**意在笔先，如帅将兵**

主题要旨：**抽丝剥茧，片言居要**

结构要旨：**条分缕析，擘肌分理**

内容要旨：**爬罗剔抉，目无全牛**

语言要旨：**行云流水，金声玉振**

文气要旨：**豁然贯通，浑然天成**

记住这些要旨，就掌握了文稿起草的重要方法和窍门。

延伸阅读

庖丁解牛

（《庄子·养生主》）

庖丁为文惠君解牛，手之所触，肩之所倚，足之所履，膝之所踦，砉然向然，奏刀騞然，莫不中音。合于《桑林》之舞，乃中《经首》之会。

文惠君曰："嘻，善哉！技盖至此乎？"

庖丁释刀对曰："臣之所好者，道也，进乎技矣。始臣之解牛之时，所见无非牛者。三年之后，未尝见全牛也。方今之时，臣以神遇而不以目视，官知止而神欲行。依乎天理，批大郤，导大窾，因其固然，技经肯綮之未尝，而况大軱乎！良庖岁更刀，割也；族庖月更刀，折也。今臣之刀十九年矣，所解数千牛矣，而刀刃若新发于硎。彼节者有间，而刀刃者无厚；以无厚入有间，恢恢乎其于游刃必有余地矣，是以十九年而刀刃若新发于硎。虽然，每至于族，吾见其难为，怵然为戒，视为止，行为迟。动刀甚微，謋然已解，如土委地。提刀而立，为之四顾，为之踌躇满志，善刀而藏之。"

文惠君曰："善哉，吾闻庖丁之言，得养生焉。"

《庖丁解牛》的故事大家都学过，但一般不会从文稿起草的角度，思考其中有何启示。其实很多事情之间的道理是相通的，庖丁表面上讲的是"解牛"，但其中的方法和思路，对于认识事物和做人做事都有启发。具体到文稿起草方面，文中提到的"所好者道"的意旨，"批郤导窾"的方略，循序渐进的事理，"目无全牛"的境界，都值得文稿起草者细细体味。

虽然起草文稿纷繁复杂，不是一项容易上手的工作，但只要像庖丁解牛一样，抓住"六宜"与"六忌"的技巧，批郤导窾，并经过反复实践练习，就能得心应手，运用自如。而达到“提刀而立，为之四顾”的境地，看的是每个人的修为和努力。

对于文稿起草者而言，《庖丁解牛》这篇短小的文章值得反复读、认真读。

IV

第四章

进阶攻略

“四步成文法”

本书按照由浅入深的顺序，引导公文作者循序渐进、拾级而上。作为一本“武功秘籍”，前三章主要针对有一定“功夫底子”的人，从初学者起步，不断锻炼基本功，经过反复操练，熟能生巧，逐步打下坚实的基础，直至能够独立承担小型文稿的起草，这个过程为进一步成为“武林高手”提供了储备。从本章开始，将面向“功力较深”、能力非常全面、能够全程承担大型文稿构思起草和统筹工作的公文作者，为之提供成为“武林高手”的“进阶攻略”。

一个文稿的起草过程，归纳起来就是八个环节、十六个字：沟通、提炼、构思、搭建、收集、取舍、撰写、修改。简而言之，又可以分为四个大的步骤：领悟、构思、布局、炼字。

我们总结的“四步成文法”，就是从无到有起草一篇文稿的完整过程，换句话说，就是文稿起草工作的具体流程或步骤。七步可以成诗，四步也可以成文，关键在于熟悉每一个环节，把握好每一步的方法和诀窍。

一、领悟：虚己应物

贯穿在文稿起草过程中的，有三个重要要素：领悟力（天赋、用心），方法论（方法技能，knowhow），笨功夫（积累，勤奋）。所谓领悟力，就是领会、理解、感悟的能力，包括感知力、思考力、洞察力，是一个人连贯思维能力和逻辑推理能力的体现，是一种善于对事物进行由表及里、由实及虚的融会贯通的思考和认识。文稿起草工作中的领悟力，主要是指领会意图、总结经验、探索规律、触类旁通、举一反三的能力。如果一个人的领悟力强，看问题会更准，工作的效率会更高，成效也会更好。

学必悟

中国古人有云："学必悟。"认为写文章的最佳方法就是"悟道"，即领悟思想。因此，好的文稿不是写出来的，是"悟"出来的。

悟者，吾之心也。悟性是人们用自己的真心对某一事物的体会和认识，人皆有悟性，但深浅不一。"悟"的本质是认识，是思想反映，是写作者思想力水平的真正体现。一篇文稿，就是一个事物，是靠"思想"站立的。"悟"越接近事物的本质，"思想"就站立得越高，文稿就写得越深刻，越让人喜闻乐见。同样的学历、同样的训练、同样的工作经历，有些人的写作水平只能停留在一定层面上，有的人却能到一定境界。除了客观因素之外，最主要的差别是在会不会"悟"上。

善"悟"是提高公文写作水平的关键。人们都听说过这样一则名言警句："天才就是1%的天赋加上99%的汗水。"但人们未必都听说过它的后半句："但是那1%的天赋是最重要的，甚至比那99%的汗水都重要。"对于文稿起草者而言，这1%的天赋就是悟性，俗话说"祖师爷赏饭吃"，就是说某人的天赋高，适合做这个工作。当然，天赋与悟性固然重要，天道也能酬勤，不能因此否认了后天努力的重要作用。事实证明，悟性的深浅与每个人的"修炼"程度成正比。

鲁迅先生在《不应该那么写》中有这样一段话，来说明文章写作中怎样"修炼"悟性："凡是已有定评的大作家，他的作品，全部说明着'应该怎样写'。只是读者很不容易看出，也就不能领悟。因为在学习者一方面，是必须知道了'不应该那么写'，这才会明白原来'应该这么写'的。这'不应该那么写'，如何知道呢？惠列赛耶夫的《果戈理研究》第六章里，答复着这问题——'应该这么写，必须从大作家们的完成了的作品去领会。那么，不应该那么写这一面，恐怕最好是从那同一作品的未定稿本去学习了。'"

这是鲁迅先生对文学创作阐述的"不应该那么写"的学习领悟方法，

对文稿起草来讲，这也是很有益处的学习方法。直接看公文范文、看干干净净的定稿，就不如看经领导和同志们反复修改的草稿获得的收益更大，提高得更快。用心体会精心删改之处，体会到了“不应该那么写”，就明白了“应该这么写”的道理，便是“修炼”公文写作的悟性。

在我刚刚从事文稿起草工作时，经常需要为领导准备一些致辞、信函之类的稿件，时间紧、要求高，往往有如履薄冰之感，经过反复推敲和打磨的稿件交上去后也常常深感忐忑。领导反馈回来的稿件，有时会有一些修改的意见，我就把前后两份文稿对照研究，看看领导为什么要这样改。一比较就发现，领导改动的地方都比原来要好，毕竟领导站位更高，掌握的信息更多，考虑问题更周全，而且因为领导很忙，不可能花费很多时间在文稿上，他认为要修改的地方一定是关键之处，经过改动之后，确实更到位一些。就这样经过不断比照学习，自己的写作水平也增长很快，不但掌握了一个快速提高业务能力的捷径，也无形中养成了一个良好的工作和学习的习惯，甚至通过这种方式，更快地了解了领导的思维习惯和惯常的表述风格，适应起来更快了，确实是一举多得。

更早之前，我在工作中还遇到过一位经验丰富的老前辈，每次起草完一篇初稿，我都请他帮忙修改。老前辈非常认真，每次都逐字逐句地修改，并且当面一一讲解，这一处为什么要这么改，改之前有什么问题，改之后有什么好处，下一次应该注意什么。印象最深的是有一次，他把我之前写的一级标题全部换成了工整对仗的句子，起初我并不理解，觉得前后意思并没有任何变化，未免有点“八股文”式的形式主义了。老前辈吸了一口烟，不紧不慢地解释道：“公文要讲究文字的工整对仗，特别是标题，这里这样改，不是形式主义，而是为了方便下面传达落实。”我被一语点醒，意识到文稿起草工作中换位思考、考虑受众心理的重要性。经过老前辈反复训练，我所起草的初稿被他修改的内容越来越少，直到半年多后，他已经不需要再改我的文稿了，我的文字水平也的确有了长足进步。

颖悟与通达

悟性说起来很抽象，难以把握。曾经担任武汉大学校长的刘道玉先生说："所谓悟性是一种感悟的思维能力，它具有偶发性、跳跃性和创造性的特点。"看上去悟性是上天赋予的，但只要抓住它的内在特点和表现形式，后天也是可以修炼的，它所借助的思维能力比如发散思维、跳跃思维、逆向思维是可以培养的。

在我看来，对文稿起草来说，领悟力的表现形式尽管也有多种多样，但最重要体现在两个方面：一是颖悟，二是通达。

何为颖悟？我们先举一个天才哲学家王弼的例子来说明。《晋史》记载，王弼才识卓出，聪慧异常，年仅弱冠就已经对哲学问题有了相当深度的研究。当他去拜访他的父辈裴徽时，裴徽马上把当时哲学领域的尖端问题向王弼提出来："夫无者，诚万物之所资也。然圣人莫肯致言，而老子申之无已者何？"这是关于有与无、儒与道、名教与自然的关系问题。王弼根据自己的研究和体会，明确而又简洁地回答说："圣人体无，无又不可以训，故不说也。老子是有者也。故恒言无所不足。"他认为，"无"不可以直接训说，必须通过"有"来阐明。孔子由于对"无"有了深刻的体验，尽管从不说"无"而只谈"有"，但处处都揭示了那隐蔽着的宇宙本体——无。而老子对"无"直接训说，却只停留在"有"的现象领域，而不能上升到高层次"无"的境界。王弼就把前辈学者的研究向前推进了一大步，建立起以无为本，现象与本体相结合的哲学体系。这件事很快就在学术界传开了。当时倡导玄学的首领、吏部尚书何晏，本来早已提出"以无为本"的本体论思想，却未能解决现象与本体之间的关系问题。何晏因此极为赏识王弼，由衷地称赞他说："仲尼称后生可畏，若斯人者，可与言天人之际乎。"所谓天人之际，就是人们对天道、自然与人的关系这个重大哲学问题的思考。王弼如此年轻，就已涉及当时哲学领域的关键问题，可见其天资之颖悟。

让人惊叹的是，王弼身为贵胄子弟，并未经历多少人世波折，仅靠纯粹的思辨，就洞察了“有”和“无”之间的辩证关系，解决了一个重大的哲学理论问题，达到了一般人难以企及的思维境界。从王弼身上，可以看到一个人的天资颖悟所能表现出来的思维弹跳力和创造力。由于王弼等人的贡献，中国的哲学思想当中留下了“贵无”的思想，并很好地融合了儒道的精华，深刻影响了后世的许多人。其中最为突出的有晚清中兴名臣曾国藩。

曾国藩虽然天资不高，但一生刻苦勤勉，严格自律，历经坎坷，终成大业。他一生经历过三次大的思想性格转变，早年从辞赋之学变为程朱之学，中年任事以后从程朱之学变为申韩法家之学，遭遇挫折后经过反思，又从申韩法家之学变为黄老道家之学，信奉“花未全开月未圆”之境，给自己的书斋名之为“求阙斋”。他认为：“担当大事，全在‘明强’二字。《中庸》学、问、思、辩、行五者，其要归于愚必明，柔必强。”他把儒家《中庸》的学问归结为“愚必明，柔必强”，提倡以柔克刚、大智若愚，但核心是“明强”二字，愚和柔只是表象，明强才是内在的前提。从某种意义上说，这正是中国哲学中“贵无”思想的体现。但与王弼通过思辨直接感知不同，曾国藩是在鲜血淋漓的官宦生涯带给他的切身体验中，悟到这一道理的。一个是顿悟，一个是苦修，但他们的思维达到了同样的境界。这也说明，在天资有所不逮的情况下，只要用心体悟和思考，注重自己内心的修养，通过日积月累，也能求得真正的智慧。

具有超高的颖悟能力和卓绝智慧的人，往往能在历史上留下灿烂的一笔。例如，9岁的高斯，利用等差级数瞬间就算出了1+2+3+4+5+……+100累加数值为101×50=5050；7岁曹冲脱口说出称象的办法，震惊了满朝文武大臣；7岁的王戎不取道旁李，因为知道“树在道旁而多子，此必苦李”；7岁的司马光破缸放水救童伴；目不识丁的僧人慧能，悟出一副偈语从众僧中胜出，成为五祖弘忍衣钵的传承人。这些都是颖悟和智慧的表现。

作为文稿起草者，要具有这样高的颖悟能力确实很难，也不太现实。但从事这样的创造性劳动，具备一定的悟性，掌握一些思维的规律还是很重要的。我们说一个人头脑是否灵光，是否能一说就通，其实就是说这个人是否有一定的颖悟能力。具体来说，“颖悟”在公文写作中表现在几个方面：未卜先知，能从事物发展的趋势中，判断未来的可能性，提前预知；举一反三，能找出事物背后的规律，化繁为简，合理类推；去伪存真，能从纷繁复杂的表象背后发现事情的根源，抓住最本质的东西；触类旁通，在不同的知识之间可以交汇联想，进行由此及彼的知识迁移，做到融会贯通。

领悟力的另一个重要方面是通达。人们常说智慧，其实智与慧并不是一回事。如果说颖悟是智，通达则是慧。所谓通达，即通晓世事，洞达内心，了然机理。简单地说，一个人在日常生活中，对世事能够正确认知，以及采取一定的方式方法加以处置的能力，这是智；而能领悟生活，并对当前所遇到的境况加以辨别，且能顺势而为、彻悟通畅，这就是慧。决断曰智，简择曰慧，若说智是一种外在的“力”，那么慧就是一种内在的“道”。

古人称誉通达，是对人很高的评价。如《后汉书·郑兴传》中说：“少学《公羊春秋》，晚善《左氏传》，遂积精深思，通达其旨，同学皆师之。”韩愈在《柳子厚墓志铭》说：“子厚少精敏，无不通达。”通达的人，对人生有一种更成熟的看法、更豁达的态度，思想更澄明、厚重，不激愤，也不沮丧，能够始终保持一种平和的心境，内心强大，不易为外物所扰，也不易于陷入我执，处于“草色人情相与闲，是非名利有无间”的境界当中。

一个顺则忘形逆则气馁、起则得意落则失魂的人，一个只知投人所好、看领导眼色说话办事、拿原则做交易谋取一己私利的人，一定不是一个通达的人。只有那些宠辱不惊、去留无意、淡泊名利、起落不存心间、得失置之度外的人，才能成为一个通达的人。可见，通达不仅涉及一个人的精神、心态、心情等心理层面上的状态，而且还涉及一个人的利益取舍、价值取向等行为规范上的倾向。

文稿起草是“笔墨勾当”，同样需要通达的人生态度，不钻牛角尖，不执拗，以一种平和豁达的心态对待自己的本职工作。平和的人，放得下，看得开，想得明白。一个人，若思想通透了，行事就会通达，内心就会通泰，有欲而不执着于欲，有求而不拘泥于求，活得洒脱自在，心底踏实安详，云过天更蓝，船行水更幽。通达，也意味着将内心的浮躁、固执、成见、思维定式统统扫除，用更开放的心胸接受外界的信息，用更客观理性的态度对待世事，敢于自我否定，不惮于反思，也能虚心接纳别人的意见，择善而从，而这些，就是悟性的重要来源。很多人之所以不善领悟，本质上还是不够通达的思维外化。

悟性的开启

悟性不是一种技能，它来源于经验而不等于经验，来源于知识而不等于知识，来源于学习又不等于教条，来源于逻辑又不等于逻辑，它更多的是不自觉的感觉、直觉和想象，有时可以用语言表达，有时语言无法企及。它是一种波兰尼所说的“默会知识”，即只可意会不可言传的知识，一种经常使用却又不能通过语言文字符号予以清晰表达或直接传递的知识。那要提高悟性，有什么切实可行的途径呢?

我认为，每个人都有潜在的悟性，悟性是可以开启的。刘道玉先生指出：“学习的本质是悟道，悟通天下，悟得智慧。所谓悟道就是获取隐藏在知识背后的智慧。悟性重在悟，它是在无功利、无压力、无恐惧的心境下，通过自学、自问、自疑、自答、自赏、自娱等一连串顿悟过程而获得的。”要“悟”，就应做到上面这“六自”，而做到“六自”，努力比天分更重要。

《论语·述而》云：“不愤不启，不悱不发。”意思说，不到努力想弄明白而不得的程度不要去开导，不到心里明白却不能完善表达出来的程度不要去启发。这说明，真正的启迪性思维、创造性想法，往往来自艰深的思考和持续的积累，当到达临界状态时，如果有好的契机或者有人点拨，就能产生“思维的弹跳”。所以要开启悟性，可以从几个方面入手。

在持续学习中提高领悟力。丰富的知识底蕴，是提高领悟力的前提。要坚持读书学习，积累相关知识，增强洞察力和思辨力。要见贤思齐，虚心请教，经常想想人家为什么做得好，自己做会怎么样，找出差距，取长补短，这样领悟力自然就会瓜熟蒂落、呼之即出。

在思考钻研中提高领悟力。领悟力离不开独立思考，孔子说：“学而不思则罔，思而不学则殆。”论述了勤学、多思与善悟之间的关系。要做到善悟，多思是保证。要学会闹中取静，在安静中思考，让思想在冷静思考中升华，让灵感在冷静思考中闪现。只有勤于独立思考，以求真务实的态度不断寻求新思路新理念，领悟力才会越来越强。

在用心观察中提高领悟力。敏锐的观察，可以获得对事物独特的体会及感受。注重在观察上下功夫，能在不经意间明白事理，掌握事物发展的规律，从而具备“一叶落而知天下秋”的敏锐，从事物稍纵即逝的、细微的、不明显的征兆和苗头上，及时发现和鉴别问题，分析影响和后果，从而有的放矢地解决问题、做好工作。

在总结积累中提高领悟力。“积之愈厚，发之愈佳。”经验是靠一点一滴积累起来的，领悟力也是在总结经验的基础上逐步提高的。因此，要注重在总结积累上用心思、花力气。通过总结，从个别中发现一般，从现象中抓住本质，从感性认识上升到理性认识，在这个过程中领悟力也会随之提高。

为文三悟

具体到起草一篇文稿，要悟的内容主要包括：悟上级精神，悟领导意图，悟听众心理。

悟上级精神。常言道："领会上头，摸清下头，两头一碰，才有写头。"文稿起草一般都离不开传达落实上级精神，在总结经验、分析形势、部署工作时，要保持和上级精神相一致，观点创新也要在充分吃透上级精神的基础上进行。因此，文稿起草首先要悟上级精神，准确把握和深刻理解精神实质，既做到引用政策原汁原味，落实政策不折不扣，又要尽可能从上级精神中领悟出本单位的工作思路、发展方向，充分发挥出上级精神的引领和启发作用，不能照搬照抄，"上下一般粗，左右一样齐"，放之四海而皆准。在具体落实某一项精神或政策要求时，要注重对上级的方针政策进行反复前后对比，特别是对于表述有变化、提法有创新的地方要给予重点关注，查阅资料，反复思考，从而对上级精神有更加深入的领悟，提高文稿的理论素养和思维层次。

党的十八届三中全会通过的《中共中央关于全面深化改革若干重大问题的决定》中明确指出："使市场在资源配置中起决定性作用和更好发挥政府的作用。"相比于以前的"市场在资源配置中起基础性作用"，从"基础性"到"决定性"，一词之变，却表明了党对市场作用认识的新飞跃。当年，在起草公司的年度工作主题报告时，我们紧扣中央精神的这一变化，认识到这凸显了中央对市场地位认识的新提升，预见到这是企业全面深化改革必须紧紧抓住的主攻方向，为此确定了"强化市场机制，创新管理模式"的改革主题，收到良好效果。

悟领导意图。能否深刻领悟领导意图，是决定讲话稿写作成败的关键。悟领导意图，遵循领导意见当然是最基本的要求，不能固执己见，把自己的意图强加到领导身上，也不能断章取义、随心所欲，更不能"另起炉灶"。但是，也不能陷入本本主义、教条主义的误区，机械死板地以领导原话马首是瞻，而是要在领导原话的基础上突出一个“悟”字，领会出领导的话外之音。通过在“悟”上下功夫，把领导的思想和意图理解准、领会透。主要从三个方面入手：**积极扩展领导意图。**一般在起草前，领导都会向起草者交代自己的意图，提出工作的要求。有的领导交代意图时，只是一些初步想法，或仅仅从某一个角度、某一个侧面提出问题。遇到这种情况，就要从更多的层次和角度去思考，举一反三，扩展和延伸领导形成的基本观点，把领导暂时未想到但又比较重要的问题补充进来，把领导简单分散的意见扩充为比较全面系统的意见，把领导想说而没有说出来的话完整地表达出来，不能听一就是一，机械呆板地满足于当个传声筒。**善于挖掘领导意图。**有的领导只是出个大题目，至于其中的具体问题涉及不多。碰到这类情况，应主动和领导商量研究，了解其想法，摸清其意图，然后顺着其思想脉络，弄清楚要求写什么，为什么要写，要达到什么目的，从而挖掘出更新更深的东西。**努力完善领导意图。**在布置任务时，有的领导深思熟虑不够，讲的意见不甚明了、比较杂乱；有的一时未想清楚、未说明白，只是一些感性认识；有的不完全合理和必需；有的不集中、不完整。这就要求起草人用心琢磨领导的意图、思维方向、关注重点等，与领导多交流，善于提炼概括、查漏补缺，慎重恰当地处理，合理地加以吸收、集中，把不确定地确定下来，不必要地加以剔除，不完整地加以补充，不清楚的问题讲清楚，不一致的地方进一步调整，把感性的内容理性化、零散的观点系统化，从而比较全面、完整、准确地体现领导意图，保证文稿质量。总之，对领导意图掌握得越全面、越深刻，写起来也就越顺利，领导也就越满意。在具体领悟领导意图时，最重要的就是平时要做个“有心人”，比如多参加领导召开的一些会议，多听一些领导在各类场合的讲话，多研究领导的文章或批示，多主动了解领导的工作内容，从中认真揣摩领导的思维动向，理解并积累领导的工作思路。这样，在接到任务的时候，就可以大大缩短了解和领会的时间，提高起草文稿的质量和效率。

比如，公司一位主要领导对文稿要求较高，特别要求文稿有气势、反响好，在一开始几次讨论提纲时，他都认为文稿涉及内容多、不集中，但也觉得列出的内容都是应该说的。至于要怎么优化，又说不出所以然。经过几次下来，我领悟到领导的意图，他是觉得内容如果多了，大家记不住，效果就不那么好，但他自己又没有明确地意识到这一点。想到这个之后，以后每次在准备提纲时，我都把内容凝练到四个方面以内，这样一汇报，领导就觉得不错，以后这个框架就基本固定下来了。

记得在一次总经理办公会上，领导在讲到公司当前面临的严峻形势时，一度非常动情。他语速逐渐加快，语调逐步升高，到激动处甚至用手指狠狠地敲了几下桌子，在场人员无不被感染。领导在形容公司当时处境的一句话给我留下了极其深刻的印象："置之死地而后生！"我当即感受到了这一段讲话的重要性，在做好记录的同时，会后反复进行了回味。当年，在起草公司领导干部会议的主题报告时，以领导这段讲话精神为背景，拟定了"凝心聚力，背水一战，打好公司生存发展攻坚战"的主题，领导对此大加赞赏。

悟听众心理。领导的讲话和报告都有特定的场合和特定的对象，起草文稿必须先明确受文对象，先界定话题范围，不讲与听众无关的题外话，要讲与听众密切相关的题内话。悟听众心理，要讲究一定的方法和技巧。首先，要明确会议的性质和目的，围绕会议的中心议题来讲，弄清楚会议是动员会议、部署会议、总结会议还是表彰会、庆功会，会议要达到什么目的和效果。其次，要明确参加会议的是哪些人，这些人有什么共性，会议要求这些人做什么，这些人又能做什么。针对他们的责任、心理和愿望来明确主题、搜罗素材、组织语言。最后，还要学会情景假设，假设这样讲听众会作何反应，那样讲听众会有何感想。总之，要有意识地从听众角度去反观文稿，给文稿起草提供新视角和新思路。

1963年8月28日在华盛顿林肯纪念堂，马丁·路德·金正在发表演讲，他激昂地讲道：

朋友们，今天我对你们说，在此时此刻，我们虽然遭受种种困难和挫折，我仍然有一个梦想，这个梦想深深扎根于美国的梦想之中。

我梦想有一天，这个国家会站立起来，真正实现其信条的真谛："我们认为真理是不言而喻，人人生而平等。"

我梦想有一天，在佐治亚的红山上，昔日奴隶的儿子将能够和昔日奴隶主的儿子坐在一起，共叙兄弟情谊。

我梦想有一天，甚至连密西西比州这个正义匿迹，压迫成风，如同沙漠般的地方，也将变成自由和正义的绿洲。

我梦想有一天，我的四个孩子将在一个不是以他们的肤色，而是以他们的品格优劣来评价他们的国度里生活。

今天，我有一个梦想。我梦想有一天，亚拉巴马州能够有所转变，尽管该州州长现在仍然满口异议，反对联邦法令，但有朝一日，那里的黑人男孩和女孩将能与白人男孩和女孩情同骨肉，携手并进。

今天，我有一个梦想。

我梦想有一天，幽谷上升，高山下降；坎坷曲折之路成坦途，圣光披露，满照人间。

这就是我们的希望。我怀着这种信念回到南方。有了这个信念，我们将能从绝望之岭劈出一块希望之石。有了这个信念，我们将能把这个国家刺耳的争吵声，改变成为一支洋溢手足之情的优美交响曲。

有了这个信念，我们将能一起工作，一起祈祷，一起斗争，一起坐牢，一起维护自由；因为我们知道，终有一天，我们是会自由的。

在自由到来的那一天，上帝的所有儿女们将以新的含义高唱这支歌："我的祖国，美丽的自由之乡，我为您歌唱。您是父辈逝去的地方，您是最初移民的骄傲，让自由之声响彻每个山岗。"

如果美国要成为一个伟大的国家，这个梦想必须实现！

这一段节选自马丁·路德·金的著名演讲稿 *I have a dream*，这次演讲被誉为“20 世纪最为惊心动魄的声音之一”，它之所以能够感动现场的听众，甚至穿过近半个世纪的时光隧道仍然能震撼我们的心灵，原因之一就在于它顺应了当时人民大众要求自由、公正、平等的时代心声，并且使作者与听众的心声产生了强有力的共振。因此，这篇演讲稿成为载入史册的名篇。

二、构思：神与物游

构思是在头脑内部酝酿的思维过程，作为一种有意识、有目的的精神活动，它是表达的基础和前提。语言表达不仅仅是词语搭配和组合的技巧问题，更重要的是思维的问题。思维的结果要靠语言来表现，如果思维混乱和缺少创造力，表达就不会清楚明白，或者陷入语言机械模仿之中。所以，起草文稿要重视构思，动笔前要在头脑内部先构思。

文稿构思是在动笔起草之前对文章的全局进行设计和安排，是一种全方位的创造性劳动，具体表现在提炼主题、组织内容以及设置合适的文章架构，这些常常是因文而异，需要作者创造性的思考。文稿起草的功夫都下在动笔之前，好的文稿都不是写出来的，而是想出来的。能把思路想好，把观点想好，把框架想好，文章就完成了一大半。

苏轼在《文与可画筼筜谷偃竹记》中说：“竹之始生，一寸之萌耳，而节叶具焉。自蜩腹蛇蚹以至于剑拔十寻者，生而有之也。今画者乃节节而为之，叶叶而累之，岂复有竹乎？故画竹必先得成竹于胸中，执笔熟视，乃见其所欲画者。”也就是说，竹子刚生时，只是一寸长的嫩芽，可是节、叶俱全。从蝉腹、蛇鳞般的小笋，长到挺直的几丈高的巨竹，从来都是有节有叶的。可是现在的人画竹时，却是一节一节地接起来，一叶一叶地堆上去，这样做哪里还有竹子呢？所以说画竹，一定要心里有完整的竹子，拿着笔凝神而视，就能看到自己心里想要画的竹子了。可见，与写文章一样，苏轼认为竹子也不是画出来的，而是想出来的，动笔之前应该做到胸有成竹。

神思与虚静

古人作文非常讲究构思。刘勰在《文心雕龙》中称之为“神思”，他写道：“古人云：‘形在江海之上，心存魏阙之下。’神思之谓也。文之思也，其神远矣。故寂然凝虑，思接千载，悄焉动容，视通万里；吟咏之间，吐纳珠玉之声；眉睫之前，卷舒风云之色：其思理之致乎？故思理为妙，神与物游，神居胸臆，而志气统其关键；物沿耳目，而辞令管其枢机。枢机方通，则物无隐貌；关键将塞，则神有遁心。是以陶钧文思，贵在虚静，疏瀹五藏，澡雪精神；积学以储宝，酌理以富才，研阅以穷照，驯致以怿辞，然后使元解之宰，寻声律而定墨；独照之匠，窥意象而运斤：此盖驭文之首术，谋篇之大端。”

这段文字可以说是把文章构思的重要性、特点、方法和途径进行了淋漓尽致地阐述，用它来指导文章的构思，是非常有帮助，把自己构思文章的过程与之相对照，也能进一步加深自己的认识和理解。刘勰提到一个重要的概念“神与物游”，就是说构思文章时，要让想象与外物相接触，深入思考对象的肌理，让思想自由翱翔。首先是理解，用自我精神去认识外物的本质，其次是精神与外物合二为一，结伴驰骋，再之后精神与外物已经浑然一体且已分不清彼此，精神用外物的眼睛观察万物。这三步可概括为禅宗中“看山是山，看水是水；看山不是山，看水不是水；看山还是山，看水还是水”的三重境界。

在文稿构思中追求“神思”，就是把自我代入思考对象，以物为主体观察世界思考外物，进入物我两忘、物我合一的境地，俗称进入了“状态”。在这种状态下，人的头脑当中都是思考对象，思维处于自由状态，各种想法和念头在心中激荡，由于思维集中到了某个地方，“思想的压强”增大，往往会有出其不意的想法出现。

清代黄叔琳在《文心雕龙札记》中注解指出：“此言思心之用，不限于身观，或感物而造端，或凭心而构象，无有幽深远近，皆思理之所行也。寻心智之象，约有二端：一则缘此知彼，有校量之能；一则即异求同，有综合之用。由此二方，以驭万理，学术之源，悉从此出，文章之富，亦职兹之由矣。”这就是说，“神思”是一种超越时空、物外的神远之思，只要专心致志去思考，思绪就可能联结到古往今来之事。简单说，“神思”有些类似于现代所说的形象思维或者发散思维，这正是包括文学在内的一切艺术形式所最推崇的思维方式。因此，在文稿起草工作中运用这种“神思”，往往能够产生使人眼前一亮的想法，带来意想不到的惊喜。

在具体的工作方法上，我们倡导广泛浏览，博览群书，甚至多翻翻杂书，多与人交谈，就是通过知识的交互碰撞产生思想火花。比如，文稿起草前召开“头脑风暴”和“神仙会”，集思广益，不设限地讨论交流，其实就是把个人的“神思”拓展为群体的“神思”，产生思维激荡和碰撞，找出最佳的思维角度。

业内前辈雄文老师总结出的“出彩写作法”，把文章写作过程归纳为“六子”，即“拉条子”“定位子”“敲盘子”“做套子”“装模子”“过稿子”，为破解写作难题提供了切实可行的操作路径。其中“拉条子”就是应对打不开思路的难题而提出的破解方法。当思路阻塞找不到感觉时，不妨先放松下来，自由自在，任凭想象的翅膀翱翔，任凭思想火花碰撞，任凭思维的触角多方向、多维度地在脑海和记忆的“雷达”上搜寻，运用触发、发散、聚敛等思维方法产生大量信息和灵感，渐入一种灵光闪现、思绪泉涌的高度亢奋状态，然后在稿纸或电脑屏幕上罗列出大量的词组或短语，把内心深处所流淌的灵感和想法，不假思索、不加选择地及时记录下来，作为构思的原料。比如，撰写工作总结，运用发散思维的多向、多头拉条方法，分别从纵向（时序）、横向（事序）、外向（比较）、内向（内部）以及上头（上级要求）、下头（下情）等方面，多向、多头进行“拉条”，就可以一举打开思路，无中生有“拉”出大量词组短语，为下面环节提供原料。可见，“拉条子”本质上是个思维动力系统，可以充分地调动思维，引爆灵感，突破思维僵局，从而打开创新思维的大门，激发出意想不到的创意。

西晋的陆机还提出构思时的创作心理——“虚静”，指的是人的精神进入一种极端平静的状态，这样事物的丰富性和本质性就会展现在眼前。道家学派创始人老子提出的修养主旨为“致虚极，守静笃”，认为世间一切原本都是空虚而宁静的，虚静就是要人摈弃世俗杂念，抛弃功利欲望，进入一种纯粹明净，与天地万物化合为一的思想境界，精神上进入一种“无知、无欲、无为、无事、无我”的平静状态。所谓“心虚则无物不容，心静则察知万物”，文稿起草者在构思时进入虚静状态，心思专一，精神集中，全神贯注于文稿的构思，往往有助于提升思考的广度和深度。

文论大师周振甫说：“虚是不主观，静是不躁动。”有了主观成见就不可能看到外界的真实情况，心情浮躁，感情用事，不可能深入细致的考察和思虑。要想做到神与物游，酝酿好的文思，着重在于虚心和宁静，精神爽朗，清除心中的成见，使精神与客观之物相交融，才可以让最精华的思想“沿耳目”到达心灵，从而触发人的感情，产生共鸣。正如苏轼《前赤壁赋》所说：“惟江上之清风，与山间之明月，耳得之而为声，目遇之而成色。”人在大自然面前虔诚谦虚，静心感受，才能体察到自然的美好。

与虚静相关的还有一个概念“玄览”，就是说把内心当作一面镜子，清扫拂拭，自鉴自察，不染外物，这样万物就会自然呈现在面前，为人们所认识。《老子》曰：“涤除玄览，能无疵乎！”从复杂多样的耳闻目见的感觉经验中挣脱出来，站在更高处去认识，做到胸无成见，虚以待物，头脑清醒，静以观物。我们在工作中都有这样的经验，如果心浮气躁，就很难有好的文章思路，而如果外界干扰太多，也很难集中精神进入状态。

所以主观上要培养自己的“虚静”功夫，思想上经常做到“归零”，让内心保持一种自由活泼的状态；客观上也要努力为自己营造一个适宜的环境，减少外界的干扰。所以很多大的文稿起草团队，就会采取“封闭写作”的方式。特别是在当今信息化时代，各种电子产品虽然带来了便利，但也确实增加了很多干扰和噪音，带来大量的碎片化知识，时间被切割、精力被分散，在认真构思文稿时，适当远离这些干扰是必要的，甚至极端时还不得不采取“断网拔线”等方式。

灵感的奥秘

在前面我们已经详细讲解过提纲的作用和写作方法。同时也说到，要辩证地看待提纲，不能被提纲所束缚。在正式动笔之前，最好把写作思路想好，把提纲列出来。至于提纲怎么列，列得有多细，没有一定之规，可根据自己的习惯进行。前面已经说过，提纲分两种，腹稿提纲（思考逻辑）与书面提纲（文本逻辑），前者类似于思考过程阐释与写作说明，后者则是文本结果。

在提纲之外，写作过程中产生的灵感是构思的有机组成部分，是对提纲的突破和完善，与提纲是密切的互补关系。好的灵感会提升构思的质量，俗称“灵光一闪”“神来之笔”，但灵感又是可遇不可求的，它本质上是一种创造性思维的结果。创造性思维往往不是产生于有意识的活动，而是产生于无意识活动，平常思考的问题潜入无意识，遇到偶然触发便产生了灵感。当然，我们说灵感产生于无意识活动，并不是说灵感是凭空产生的，而是有其独特的基础条件，其中最重要的就是作者反复深入的思考，同时还要有外界环境给予恰当的“刺激”或者触发。

明代的谢榛说过：“诗有天机，待时而发，触物而成。”意思就是写作灵感是主体与客体的碰撞，是心理与物理的交融，是内心诱发和外界触发的双重结果，是作者无意触发和有意诱发的产物。总之，灵感是从作者对事物的认真思考和独特认识中得来的，当头脑中储备的思考元素碰到一些难得的“触点”，就会产生灵感，于是就出现了一个构思文章的最佳角度。

比如，我在构思2016年公司工作会议报告时，面临如何选择最合适主题的问题。由于客观环境的影响，公司面临着较为严峻的经营形势，但还有很多干部员工意识不到这种危险。大家虽然喊着公司面临“寒冬”，但这到底意味着什么，会带来什么影响，如何应对，都还是不太清楚。这种情况下，急切地需要把大家的思想统一到对形势有清醒认识上来。我觉得应该围绕“寒冬”做文章，继续挖掘它的内涵和深层意味，沿着这一思路，我的思绪逐步活跃起来，灵感不断迸发：既然处于“寒冬”，我们就得有所作为，不能被动应对，而要争取主动，转危为安。这样一想，思路更开阔了，随着思想火花不断涌现，再经过系统整理和语言斟酌，就形成了“战寒冬，闯难关，破危局，凝心聚力打好2016年生存发展攻坚战”这一主题。“战寒冬”说的是所处的状态，对形势的分析；“闯难关”是对动作的描述，要有所作为；“破危局”是对结果的预期，体现乐观的期盼，落脚在打好生存发展攻坚战上。主题通过醒目的字眼，紧凑的节奏，很好地起到了警示人心、提高认识的作用，也为全文奠定了基调，确立了主线。这些内容，并不是临时凭空产生的，而是平时思考的结晶，只不过在认真构思的状态下以一种灵感的形式呈现出来了。

这里还需要提醒的一点是，无意识活动不是说不想问题，而是不能被不间断的零碎思维占据了头脑。要多想问题，但可以“冷处理”。19世纪前半期，苯究竟有什么样特殊的分子结构？这个问题把当时所有的化学家都难住了，德国著名化学家凯库勒也对此做了大量的研究，但始终百思不得其解。一天晚上，凯库勒坐马车回家，在车上昏昏欲睡。在半梦半醒之间，他看到碳链似乎活了起来，变成了一条蛇，在他眼前不断翻腾，突然咬住了自己的尾巴，形成了一个环……凯库勒猛然惊醒，受到梦的启发，明白了苯分子原来是一个六角形环状结构。凯库勒的成功，正是依靠从冷处理中捕捉到的灵感。

要想多产生灵感，就必须多看书学习，做到举一反三，活学活用，多思考问题，做到触类旁通，当这些思考和学养沉淀到内心时，就成为写作者的潜意识，一旦遇到思维触点，这些沉睡的意识就会被激发。而什么是最佳触点呢？除了自己冥思苦想之外，与人进行思想交流，产生思维火花和“化学反应”，也是极为重要的途径。王汎森先生写过一篇《天才为何成群地来》，其中提到，19世纪欧洲思想之都维也纳是“天才成群地来”的地方，城中大量的咖啡馆成为繁星们的养成之所，在无尽的谈论中，一个人在一群人中激发思路。很多重大的思想和科学发明，就来自这种看似漫不经心的交谈当中。这充分说明了思想交流激发火花和灵感的重要性。

运思四法

按照现代心理生物学的理论来说，认知世界有且只有两种思维形态，一种是结构化思维，即逻辑思维，另一种是感官化思维，即形象思维。根据美国心理生物学家斯佩里提出的“左右脑分工理论”，人的左脑主要从事逻辑思维，一般具有语言、概念、数字、分析、逻辑推理等功能，右脑主要从事形象思维，具有音乐、绘画、几何、想象、情感等功能。在文稿起草中，具体对于一个要阐述的工作对象，在进行构思时，要更多运用结构化思维。

结构化思维是以构建与客观世界结构性相对称的体系框架，并置分析之事于其中以获得分析结论的过程。感官化思维则通过充分调动各种感官，并刻意保留或还原感官体验的直观性思维过程。以方法工具论，二者方向不一致；以目的论，二者存在相同之处，均为实现思维的两个目的：一是还原，二是加工。

习近平在2012年中央党校秋季学期开学典礼上提到一个重要观点，要求领导干部应该具备“辩证思维、战略思维、全局思维、创新思维”。这四种思维也是起草文稿必须掌握的重要思想方法。

辩证思维。公文某种程度上可以看成政论文，在思维方式上以辩证思维为主，在内容形式上以说理为主。说理是什么？是概念，是逻辑，是辩证思维的思想结晶。但是干巴巴地说理是不行的，要善于“理从事出，片言为典”，从具体的事出发总结出道理，并且浓缩提炼。辩证思维最基本的特点是将对象作为一个整体，从其内在矛盾的运动、变化及各个方面的相互联系中进行考察，以便从本质上系统地、完整地认识对象。一旦使理论从实践中破壳而出，就有了独立的指导意义。

比如，前几年我们经过认真思考，在一些文稿中陆续提出了“油气产量对公司是不是一直那么重要”的问题，作为一家以生产油气为主的公司，过去很多年一直追求产量，这驱动公司实现了高速发展。但随着外部市场环境以及公司发展阶段变化，这一似乎从来不容置疑的问题也值得引起更多思考。我们认为，产量是石油公司竞争力的重要体现，产量与效益在很多时候是正相关的，这种时候，追求产量就等于间接追求效益。但在理论和实践中，也有一些时候，产量增长并不会带来效益的增加。比如新增产量的边际成本高于带来的收益时，一味增加产量就不会相应带来效益，反而造成隐性的损失。如果还一味追求产量，就容易陷入“唯产量论”的误区，造成企业管理理念的扭曲，带来种种流弊。所以，要正确分析和把握产量与效益的辩证关系，产量和效益兼得当然是最优选择，当“鱼与熊掌不可兼得”时，应该追求有效益的产量，这是次优选择，如果只是追求产量，反而影响了企业的效益和健康发展，则是一种不优选择。应该说，这一认识既有理论上的深厚内涵，更对实践有很大的帮助和指导。在此基础上，我们在领导报告中提出“从产量驱动到效益驱动”的建议得到领导采纳，对澄清一些认识上的误区，统一公司上下思想，推动公司更加追求有质量有效益的发展起到了积极的指导意义。

再比如，有一次起草领导在中青年干部培训班上的开班讲话，在阐述

"如何把公司的好干部用起来"这个问题时，从四个方面进行了论述：坚持既注重群众拥护又不以票取人，坚持既注重干部的成长经历又不论资排辈，坚持既注重干部的"显绩"又不忽视其"潜绩"，坚持既注重干部的集中考评又不放松平时的监管。这四层意思，既符合中央的精神，又切合公司的实际情况，考虑到事物的两个方面而不执于一端，政策导向非常鲜明又顾及了实践操作的可行性，体现了一分为二的辩证思维。

战略思维。战略是军事用语，原意是筹划和指导战争全局的方略。战略思维是指思维主体对事物的全局性思维，是系统、创造性地思考、规划全局性问题时的思维活动过程。文稿起草中的"略"，是谋篇布局的方略，是系统的思维过程，是文稿内部的组织形态。战略思维的高低，取决于几种能力：观察能力，即有意识地对现象进行感知的一种思维能力；判断能力，即对事物性质有所肯定或者否定的一种辨别能力；预见能力，即根据客观规律判断事物未来发展变化的一种能力；创新能力，即在观察、想象、判断和预见的基础上，发现新问题，提出新见解，正确应对事物新发展、新变化的一种能力。其中，预见是战略思维的灵魂，没有预见，就没有战略思维。培养预见能力，就要善于从观察了解事物运动的延续性、广延性、因果关系、相似关系等方面加强战略思维训练。

比如，我们前面举过的例子"建设有中国特色的国际一流能源公司"就是战略思维的体现。作为一家一直朝着国际一流能源公司目标迈进的公司，在新的形势下，需要既保持战略的延续性，又体现战略的拓展性，并突出战略的指导性和针对性，在此情况下，公司提出"以建设有中国特色的国际一流能源公司为目标，思考和谋划当前及今后一个时期公司改革发展问题"，并做了如下论述：建设国际一流能源公司是我们一贯的追求，是公司历届党组持之以恒的奋斗目标。这一战略方向不会改变，但在新的历史条件下，我们需要适应新的形势和要求，为既有目标赋予新的内涵，具体来说就是要建设有中国特色的国际一流能源公司。这是新一届党组落实"四个全面"战略布局的具体体现，是坚持党的领导和加强党的建设的必然要求，是提升公司国际竞争力的内在需要，是实现企业健康可持续发展的重要途径。建设有中国特色的国际一流能源公司，是对公司既定发展目标的充实和完善，也是对“二次跨越”的深化和延展。我们要围绕这一目标，进一步解放思想，凝聚共识，认真思考和谋划公司当前及今后一个时期的改革发展问题。

比如，最近几年，从行业发展趋势和政策环境以及公司自身发展需求出发，我们认识到加快天然气产业发展是关系公司可持续发展的重要基础，需要从战略高度加以重视。我们在报告中多次提出“坚持油气并举，从公司战略全局高度大力推进天然气产业发展”“更加突出天然气产业发展的战略地位”“提升天然气产业链整体竞争力，努力打造支柱产业”等主题，体现了思考问题的战略高度。

全局思维。所谓全局，是指事物各个要素相互联系、相互作用的发展过程。从空间上说具有广延性，是指关于整体的问题，从时间上说具有延续性，是指关于未来的问题。全局思维就是审时度势，时势并举。“时”，就是要看清形势，着眼形势，牢牢把握住时代的脉搏。“势”，是一种“因势而谋、应势而动、顺势而为”的思维方式。时与势，互为依托，互相交融。具体来说，全局思维就是从实际出发，正确处理全局与局部、内部与外部、未来与现实的关系，为实现全局性、长远性、战略性目标而进行思考。清末陈澹然有一句名言：“不谋万世者，不足谋一时；不谋全局者，不足谋一域。”其中“谋万世”“谋全局”强调的正是全局思维的重要性。习近平在《关于〈中共中央关于全面深化改革若干重大问题的决定〉的说明》中，也引用了陈澹然的名言，强调全面深化改革要坚持从大局出发考虑问题。在起草文稿时，也应主动从全局和长远的高度来进行构思。

比如，2015年公司领导干部会议的构思上就体现了全局思维，通过认真学习中央精神，牢固树立“在经济领域为党工作”的理念，强化政治意识、责任意识、大局意识，认清全面从严治党的新形势，提出要积极承担党和国家赋予公司的新使命，具体来说包括：勇于承担在经济领域为党工作的新使命，坚决落实“四个全面”的战略部署，成为讲政治守规矩、按市场规律办事的中央企业排头兵；勇于承担中央企业“保增长”的新使命，以努力完成生产经营任务主动适应经济发展新常态，成为抵御经济下行压力、促进国民经济“稳增长”的主力军；勇于承担加强对外经济合作的新使命，将提升公司国际化经营能力融入国家“一带一路”重大战略部署之中，成为构建全方位对外开放新格局的先锋队；勇于承担建设海洋强国的新使命，以海洋油气勘探开发推动国家海洋战略实施，成为保障国家能源安全、维护国家海洋权益的领头羊。

把自身的工作自觉放在党和国家工作全局中加以审视和考量，并积极担当责任和使命，既是一种胸怀大局的意识，也是全局思维的体现。

比如，在论述改革问题时，常常会强调要处理好改革发展与稳定之间的关系，注意处理好改革的协同性、整体性、系统性，这里面就体现了辩证思维和全局思维。还比如，随着公司海外业务的快速发展，海外资产比重越来越大，一开始在起草综合性文稿时，往往会把海外业务单独拿出来讲，大家也觉得习以为常，但后来我们觉得，海外业务是公司整体业务的有机组成部分，从公司角度来说，应该推进国内外业务的统筹协同，如果总是把海外业务拿出来单说，显得海外这一块“特殊”，反而不是公司推进国际化的初衷。于是从此以后，我们把国内外业务合起来作为一个整体观照和阐述。虽然这看起来只是内容文本格式上的一个变化，但背后反映的是思维从局部走向全局的变化。

创新思维。创新思维是逻辑思维、形象思维、直觉思维和灵感思维等多种思维形式的有机结合，本质在于将创新的感性意识提升到理性探索上，实现创新活动由感性认识到理性思考的飞跃。培养创新思维，要有问题意识，有善于归纳总结的能力，还要有大胆创新的动力。

2014年领导干部会议起草报告时，领导提出要培育公司发展新的经济增长点，这虽然是公司发展的现实需求，却是一个全新的命题，也是一个开放性的创新话题，我们充分调动创新思维，从理论认识、现实情况、未来趋势、案例对标、受众心理等各个方面发挥创新意识，努力把握和驾驭好这个问题。在论述当中，报告开宗明义提出：公司发展要立足当前，着眼长远，在推动当前发展的同时努力增强发展后劲。要持续推进产业结构的优化调整，创造条件培育新的经济增长点，提升内部价值链整体效益，以新的经济增长点为打造“百年老店”提供支撑。

然后从“突出发展优势产业，推动产业结构调整和转型升级”“积极寻找新的利润来源，进一步优化产业布局”“优化资源配置，提升内部价值链整体效益”三个方面进行阐述，体现了现实性与创新性的结合。

三、布局：胸有丘壑

布局就是在构思完成之后，从宏观上对整篇文章的结构进行谋划安排。结构是文章的骨骼，支撑着文章的躯体，骨骼挺立，脉络分明，才会造就俊朗健壮的形体，让人赏心悦目。所以，文章布局的好坏，直接影响到表达效果。毛泽东同志曾说：“写文章要讲逻辑，就是要注意整篇文章、整篇讲话的结构，开头、中间、尾巴要有一种关系，要有一种内在联系，不要互相冲突。”只有对文章经过精心构思，对文章的布局合理安排，才能写出结构严谨、条理通达、张弛有序、收放自如的好文章，也能体现出起草者“胸有丘壑”。

无三不成文

元代程端礼说：“作文，以意为将军，转换开阖，如行军之必由将军号命。”（《程氏家塾读书分年日程》）这里的“将军”指的是文章的主题，而“转换开阖”指的就是谋篇布局，意思是文章的谋篇布局有如行军的路线，务必听从军队主帅的号令。所以，文章的结构怎样安排，怎样在开头点题，怎样在中段论证，怎样在结尾呼应，各层次之间怎样起承转合等等，都要听从主题的调遣。从这个角度来看，布局就是围绕文章的主题合理安排内容，使文章的各组成部分形成相互联系的有机体，达到文章内容与形式的和谐统一。

这里继续借鉴雄文老师提出的“出彩写作法”的操作路径。针对谋篇布局的难题，“出彩写作法”提出“敲盘子”的应对路径，就是围绕主题定位，继续运用“拉条子”方法，产生信息和灵感并进行聚敛思维，提炼和敲定能切入受众心智的立意盘、基调盘和方案盘。通过敲定“盘子”，从整体上驾驭、把握和稳定全稿，避免出现大反复、大折腾。比如，《中共中央关于全面推进依法治国的若干重大问题的决定》的框架为三大板块、七个问题，结构严密，逻辑性强。“盘子”定好了，是使文稿从整体上立得住、立得稳的压舱之石。敲定“盘子”就夯实了整个文稿的基础。这一方法值得有心者认真揣摩和操练。

从总体上讲，公文起草有其独特的写作规范和技巧，有相对稳定的行文格式，但绝不是一定要成为“八股文”。公文谋篇布局上，一般都有“无三不成文”的惯例。从工作部署的角度讲，要提出问题、分析问题、解决问题；从贯彻落实的角度讲，既要讲统一思想认识的问题，也要讲下一步的工作重点、目标、方向等，还要有组织实施的保证。特别是综合性的讲话，在行文格式上，第一部分大都是讲认识到的问题，第二部分讲需要抓好的重点工作，第三部分讲如何保障工作落实。我们在前面一章讲述结构时，已经做过阐述。

文章谋篇布局为什么要遵循一定的规律或者是“套路”呢，表面上看是表现形式问题，其实从深层上说，它反映了人们的认识规律。在几何中，三角最稳定，在人们认识事物时，“三段论”也体现了思维的稳态，反映的是多数人习惯的思维方式和接受方式。“为什么”“是什么”“怎么样”，三个要素齐全了，才更有助于人们理解和认识事物。

除了文章大的结构一般采取三段论外，在文章每一部分内容的安排上，一般也要讲三条或以上。但要注意的是，不能机械地理解“无三不成文”，以为什么问题只要抛出三个观点就一劳永逸、万事大吉了，而是要使每个观点站得稳、立得住，观点与事实相互融合。所以在行文技巧上，一般每个段落开头，要有一句高度精练概括的语言，然后细述；在讲某一项工作重要时，都要有一句或一小段高度概括的观点，做出对这个问题的认识和判断，以提升文章的理论性和思想性。

有一次，我们在为领导准备一篇与新任干部集体谈话时的讲话稿中，就在布局上安排了三块大的内容：一是要充分认识这次干部调整交流的意义；二是要更加认清自己身上肩负的责任；三是要按照新时期好干部的标准当好表率。第一点是从宏观层面、从组织角度出发，总说干部调整的意义。第二点是从中观层面、从干部群体角度出发，谈干部对组织的责任。第三点是从微观层面、从干部个人角度出发，谈干部对群众的表率作用。可见，三点之间并不是孤立的，而是依靠内在的逻辑脉络形成了紧密联系的统一整体。

还比如，在起草“三严三实”专题民主生活会对照检查材料时，在布局上采用“是什么”（存在的“不严不实”突出问题），“为什么”（存在问题的原因分析），“怎么办”（努力方向和改进措施）的结构。思路清晰，逻辑严谨，言之有物。

用好分析工具

在谋篇布局的方法上，可以有效利用一些思维辅助工具，比如思维导图、金字塔原理、系统循环图等，帮助提高思考问题的效率。特别是金字塔原理，是被很多人采用的一种有效的工具。这方面的方法应用书籍很多，有兴趣的读者可以找来阅读。这里主要介绍一下现在非常流行的思维导图工具。

思维导图是英国人东尼·博赞（Tony Buzan）发明的一种利用图像辅助思考的工具，使用的基本方法就是用一个中央关键词或想法，以辐射发散形式，引起其他相关的形象和想法，并将之进行系统整理，形成完整的思维体系。思维导图很简单却极其有效，它充分运用左右脑的机能，利用思维的规律，协助人们在科学与艺术、逻辑与想象之间平衡发展，从而开发人的思维潜力，提高思维能力。

目前，思维导图已经被广泛应用于包括记忆、学习、思考等多个领域。在起草文稿时，学会使用思维导图工具，对于具体的领悟、构思、布局等步骤都会产生非常实用、有效的帮助。东尼·博赞博士是使用思维导图进行写作的提倡者，他说："思维导图使我能够分清主次，更快而且更清楚地看出一些主要思想如何彼此关联。它给了我一个中间平台，使我在思维过程与实际写作之间平稳过渡。它使我有了把思想组织起来并加以深化提炼的能力，而不再重复耗时费力的起草过程。由于把思维和写作分开来了，我可以更清楚地想问题，思路也广泛多了。开始写作时，我已有了一个清楚的结构布局，这使写作更容易，更快，也更愉快。"

在文稿起草中，运用思维导图进行提取、延展、归类、整理，进而设计、摆布，既是一个发散思维的过程，也是一个布局谋篇的过程。一个思维导图做下来，文章的结构也就差不多形成了。从写作的角度说，思维导图把起草者构思的过程直观地呈现出来，使思维逻辑与文本逻辑相结合，构思与布局融为一体；从思维学的角度来说，它不仅运用了传统的垂直思维，即符合常见逻辑的思维方法，也充分运用了水平思维，即打乱一般的思维顺序，通过非常规的、跳跃式的思维去寻求解决问题的办法，从而拓展了思维的广度、深度和角度。

四、炼字：语意两工

领悟、构思、布局之后，就是文稿的撰写。这是文稿起草的最后一个大的步骤，却往往也是最难的步骤，因为文稿针对特定的对象、特定的场合，有很多的不确定性，往往不是起草者能完全控制的。

大家常听的一句话叫“过稿子”，就是对文稿进行讨论提炼、修改完善、润色加工的过程。一般来说，文稿首先要整体上宏观地“过”一遍，重新审视全稿的思想内容、逻辑思路和框架结构，对大的问题进行补救和处置；然后在微观上再“过”一遍，化整为零，分段处理，精雕细琢，打磨润色，字斟句酌，反复推敲，不放过每一个段落、字句和标点。“过”就是一个从整体上深加工、精加工的再创造过程，经过认真地“过”稿子，守住文稿质量的防线。

文章不厌百回改

写文章一意贯穿、一气呵成是值得追求的目标，但这种情况其实极其少见。俗话说：“玉不琢不成器。”好文章都是改出来的，修改文章的过程也是锦上添花的过程。那种“我的文章天下第一，谁也动不得”的态度是极其错误的。很多名家都非常注重对文章的修改，曹雪芹著《红楼梦》曾“披阅十载”“增删五次”，托尔斯泰的《战争与和平》重写了八遍，契诃夫说：“写作的技巧其实并不是写作的技巧，而是删掉写得不好的地方的技巧。”这些古今中外的文坛巨匠尚且如此追求文章的完美，作为普通的文字工作者，我们更应该要求完美，努力培养自己的精品意识和工匠精神，对文字做到精雕细琢，精益求精。

事实上，凡是搞文字工作的人都有这样的体会，修改文稿是家常便饭，特别是起草重要文稿时，只要不到开会时间，修改起来总是没完没了的，有的改得面目全非，有的改了无数遍后又回到了原稿，有的甚至是领导上台的前几分钟，还在做最后修改。一位资深“大手笔”说过：“我曾经有过‘两个基本估计’：理思路的时间是写文章时间的两倍以上，改文章的时间是写文章时间的两倍以上。”记得工作上有一位前辈曾经略带幽默地谈道：“当你在初稿结尾处如释重负地打上最后一个句号的时候，千万不要以为大功告成，因为那不是结束，而只是追求完美的开始。”

在我的工作经历中，遇到的每个领导的风格是不一样的，对文章修改的要求也不一样。第一位领导，喜欢自己亲自改稿，经常是到开会的前一天晚上改一个通宵，逐段逐句改，直到会前才能定稿。第二位领导，非常重视文字，看得很细，要求也很高，一些重要文稿要经过反复修改之后才能上报，做到基本上不返工。第三位领导习惯于抓大放小，重视意图表达多于文字表达，有更多自由发挥的空间。

炼字、炼句与炼意

在文稿修改中，修改对象可以分不同层面，最重要的是文稿基调和主题修改，这种一般极其少见。其次是结构的颠覆和重构，难度也很大，所以在审议稿子时只要对结构没有意见，就放心了一大半。再次是内容增删或调换，相对来说容易一些。最后是字词修改，力求更加准确、表达更加到位。所以文稿的修改过程，讲究炼字、炼句与炼意。炼字和炼句是基础，炼意是关键。

炼字，即根据内容需要，精心挑选最贴切、最合适的措辞，选择合适的表达方式和语言风格，遣词造句以求得最佳表达效果。在文稿起草中，一气呵成，然后万事大吉，不是一种好的习惯，而是要反复修改，精益求精，真正做到字斟句酌。这要求起草者在语言文字上认真锤炼，甚至要有一种“文字洁癖”。

中国古人非常注重文章的炼字与炼句，唐代诗人卢延让在《苦吟》中自述炼字之苦：“吟安一个字，拈断数茎须。”唐代诗人贾岛在他的《送无可上人》一诗下加注：“两句三年得，一吟双泪流。”诗圣杜甫对诗歌语言刻意求工：“为人性僻耽佳句，语不惊人死不休。”清代学者钱大昕自勉遣词造句要推敲：“读书心细丝抽茧，炼句功深石补天。”这样的例子不胜枚举，其中很多有关炼字的故事，因为一字之差进而达到了炼意的精妙效果，因此成为流传千古的佳话。

唐代诗人齐已写《早梅》，其中有“前村深雪里，昨夜数枝开”两句，诗人郑谷看后说，此诗好是好，不过宜将“数”字改成“一”字。齐已连连叫绝，故拜郑谷为“一字师”。再比如，曾国藩在讨伐太平天国初期战事接连失利，在写给皇帝的报告中，他把“屡战屡败”改成了“屡败屡战”，原字未动，仅仅是顺序的改变，意思却大不相同。王安石最初写《泊船瓜州》一诗时，有一句是“春风又到江南岸”，后来，他反复将“到”改为“过”“入”“满”等十余字，最终才定稿为“春风又绿江南岸”，与之前的字相比，“绿”字有色彩感和动态感，展现出春风到后江南水乡一派生机、欣欣向荣的景象，给人以强烈的美的感受。

炼字固然重要，但注意不要走入雕词琢句、寻章摘句的歧途，炼字根本目的还是为了更好地表达内容，必须以炼意为前提才具有价值，清代文学家刘熙载说：“炼篇、炼章、炼句、炼字，总之所贵于炼者，是往活处炼，非往死处炼也。”炼字、炼句只要服从于炼意，力求语意两工，才是正道，才是真正的“往活处炼”。

“推敲”的故事是众所周知的“炼字”佳话，一直以来人们也都认为“敲”比“推”好。但朱光潜先生却认为：“就上句‘鸟宿池边树’看来，‘推’似乎比‘敲’要调和些。‘推’可以无声，‘敲’就不免剥啄有声，惊起了宿鸟，打破了沉寂，也似乎平添了搅扰……所以问题不在‘推’字和‘敲’字哪一个比较恰当，而在哪一种境界是他当时所要说的，而且与全诗调和的。”朱光潜先生从意境的角度说到了用词要注意调和之美，换言之，就是和谐之美。调和有千万种，调和的程度就要看情与境的吻合程度。

清代沈德潜说：“古人不废炼字法，然以意胜，而不以字胜。故能平字见奇，常字见险，陈字见新，朴字见色。”由此便知炼字的本质在于炼意。刘勰《文心雕龙·章句》说：“夫人之立言，因字而生句，积句而成章，积章而成篇。篇之彪炳，章无疵也；章之明靡，句无玷也；句之清英，字不妄也。振本而末从，知一而万毕矣。”锤炼字词，不只是写好一个字、一句话的需要，更是为了全篇的整体美。如果过分追求新奇就可能流于匠气，反而成了败笔。

八个环节

领悟、构思、布局和炼字是文稿起草所必经的四步，为了更加细致地描述文稿起草的全过程，也可以把“四步成文法”进一步展开分解为八个环节：沟通、提炼、构思、搭建、收集、取舍、撰写、修改。

第一个环节：沟通。一篇好文稿是领导的思想与起草者的思想反复碰撞的结果。写好文稿不能光靠起草者，这与他们所处的位置有关系，与他们所从事的职业也有关系。但是，光靠领导也不行。两方面优势结合在一起，才能写出政治性、思想性、针对性、操作性、前瞻性兼而有之的好文稿。领导和起草者优势互补的一个好办法，就是多沟通讨论。沟通讨论的过程，就是思想碰撞的过程。一旦产生了思想火花，文稿就富有新意了，就与众不同了。当然这种沟通是一个渐进的过程。有可能领导在交给任务的时候，考虑得不一定非常周全。这时起草者在听的同时，不清楚的或者不明确的，特别是有关主题或思路性的内容，要问领导，或者提出你的设想。这个过程也是一个交流、探讨、协调的过程。

第二个环节：提炼。提炼是写好文稿的关键。通过反复看材料，反复思考，比较分析，看材料之间的内在联系，结合文章的相关内容提炼主题。要把提炼主题当作一种学术研究，全身心投入进去，用一种“研究+创作”的心态去对待。由于“第一想法”往往是比较普遍的、浅层次的想法，缺乏新意或者不够深刻，因此要反复思考，有时甚至要到殚精竭虑的地步。孔子讲“叩其两端而竭”，就是教人从正反两个方面去思考问题。在提炼过程中，有时可能会提炼出多个主题的情况，这时就需要比较一下，哪一个更准确，更有新意，就着手从哪一个角度去写。该重要表达的，就绝不吝啬；该三言二语带过的，绝不多讲一句。

第三个环节：构思。定出整个文章的框架，做到纲举目张、提纲挈领，要对表达的事物多了解，来龙去脉搞清楚，了然于胸，对如何进行表达胸有成竹，并体现在提纲上。

第四个环节：搭建。为既定的框架进行局部思路和素材的构思。这是构思与布局之间的一个承上启下的环节。文稿的主题或主线不一样，结构不一样，相关材料的位置和顺序也不一样。古人有两句话，一是“学贵条达”，就是讲要有条理、能达意；二是“以序求约”，依靠顺序排列得当求得文字的精炼。这个精炼，不只是文字简洁，更重要的是逻辑严密。建议新手在列出提纲的前提下，把相同类或相近的材料先捏在一起，再进行修改，换句话说就是“同类项合并”。提纲搭建起来后，就知道如何查漏补缺。

第五个环节：收集。选择相关内容进行铺垫，也就是占有材料的问题。材料占有的丰富与否、材料质量的好坏与否，直接关系到整个文稿的质量。收集材料是写好公文的基础，也是基本功。平时要做好材料的收集工作，可以称之为“日常储备”。在起草综合类材料之前，一般都有一段时间收集材料，包括阅读资料、调研、谈话讨论等，可以称之为“专题储备”。两者不可或缺，为了写好一篇综合性公文，有时甚至需要用上所有的材料。

第六个环节：取舍。如何把观点和材料统一起来？这是一个对材料的遴选问题。缺乏材料固然写不好，但材料太多不善于取舍，同样也写不好。当今是信息爆炸时代，仅仅通过互联网就可以得到相当多的材料。因此在材料筛选方面，关键在于要有主心骨，明白该取什么、该舍什么，这样才能“得要”。对待材料问题上，吸收不多不行，消化不了更不行，能自己进得去又出得来，才不会被材料所压倒。要遵循三条原则：一要切题，二要准确真实，三要好中选好。

第七个环节：撰写。有了前面的各种准备，动笔的时候，要有自信心，胸有成竹，一气呵成。要按照框架设计的预定目标往下写，一时缺的东西，宁肯初稿写好后再补上，也不要停顿。写时要“热处理”，写成后要“冷处理”。如果时间允许，草稿写出后，不要急于改。可以先暂时把它放在一边，然后再回过头来，设身处地分别站在讲话人和受众的角度去看，看出毛病，而且感到非改不可，这就有了改好的心理条件和思想基础。要转变“良工不示人以璞”的想法，勇于听取别人意见，特别是听取一些经验丰富的同事的意见。

第八个环节：锤炼。按照公文“准确、简洁、生动”的标准对语言进行不断锤炼，语言表达水平其实是起草人思想水平、政治水平和业务水平的体现。不妨做一些强制性训练，在写之前查阅大量资料，一旦执笔写作，则将参阅资料一概收起，用自己头脑加工过的东西和自己的语言进行表达。这样想沿袭现成的官话、老话、套话也无处寻觅。久而久之，就学会用自己的语言进行公文写作了。

延伸阅读

作文与运思

（朱光潜）

作文章通常也叫做“写”文章，在西文中作家一向称“写家”，作品叫做“写品”。写须用手，故会做文章的人在中文里有时叫做“名手”，会读而不会作的人说是“眼高手低”。这种语文的习惯颇值得想一想。到底文章是“作”的还是“写”的呢？创造文学的动作是“用心”还是“用手”呢？

这问题实在不像它现于浮面的那么肤浅。因近代一派最占势力的美学——克罗齐派——所争辩的焦点就在此。依他们看，文艺全是心灵的活动，创造就是表现也就是直觉。这就是说，心里想出一具体境界，情趣与意象交融，情趣就已表现于那意象，而这时刻作品也就算完全成就了。至于拿笔来把心里所已想好的作品写在纸上，那并非“表现”，那只是“传达”或“记录”。表现（即创造）全在心里成就，记录则如把唱出的乐歌灌音到留声机片上去，全是物理的事实，与艺术无关。如我们把克罗齐派学说略加修正一下，承认在创造时，心里不仅想出可以表现情趣的意象而且也想出了描绘那意象的语言文字，这就是说，全部作品都有了“腹稿”，那么“写”并非“作”的一个看法大致是对的。

我提出这问题和连带的一种美学观点，因为它与作文方法有密切的关系。普通语文习惯把“写”看成“作”，认为写是“用手”，也有一个原因。一般人作文往往不先将全部想好，拈一张稿纸，提笔就写，一直写将下去。他们在写一句之前，自然也得想一番，只是想一句写一句，想一段，写一段；上句未写成时，不知下句是什么，上段未写成时，不知下段是什么；到写得无可再写时，就自然终止。这种习惯养成时，“不假思索”而任笔写下去，写得不知所云，也是难免的事。文章“不通”，大半是这样来的。这种写法很普遍，学生们在国文课堂里作文，不用这个写法的似居少数。不但一般学生如此，就是有名的职业作家替报章杂志写“连载”的稿子，往往也是用这个“急就”的办法。这一期的稿子印出来了，下一期的稿子还在未定之天。有些作家甚至连写都不写，只坐在一个沙发上随想随念，一个书记或打字员在旁边听着，随听随录，录完一个段落了就送出发表。这样做成的作品，就整个轮廓看，总难免前后欠呼应，结构很零乱。近代英美长篇小说有许多是这样做成的，所以大半没有连串的故事，也没有完整的形式。作家们甚至把“无形式”（formlessness）当作一个艺术的信条，以为艺术原来就应该如此。这恐怕是艺术的一个厄运，有生命的东西都有一定完整的形式，首尾躯干不完全或是不匀称，那便成了一种怪物，而不是艺术。

这是一个极端，另一个极端是把全部作品都在心里想好，写只是记录，象克罗齐派美学家所主张的。苏东坡记文与可画竹，说他先有“成竹在胸”，然后铺纸濡毫，一挥而就。“成竹在胸”于是成为“腹稿”的佳话。这种办法似乎是理想的，实际上很不易做到。我自己也尝试过，只有在极短的篇幅中，像做一首绝句或律诗，我还可以把全篇完全在心里想好；如篇幅长了那就很难。它有种种不方便。第一，我们的注意力和记忆力所能及的范围有一定的限度，把几千字甚至几万字的文章都一字一句地记在心里，同时注意到每字每句每段的线索关联，并且还要一直向前思索，纵假定是可能，这种繁重的工作对于心力也未免是一种不必要的损耗。其次，这也许是我个人的心理习惯，我想到一点意思，就必须把它写下来，否则那意思在心里只是游离不定。好比打仗，想出一个意思是夺取一块土地，把它写下来就像筑一座堡垒，可以把它守住，并且可以作进一步袭击的基础。第三，写自身是一个集中注意力的助力，既在写，心思就不易旁迁他涉。还不仅此，写成的字句往往可以成为思想的刺激剂，我有时本来已把一段话预先想好，可是把它写下来时，新的意思常源源而来，结果须把预定的一段话完全改过。普通所谓“由文生情”与“兴会淋漓”，大半在这种时机发现。只有在这种时机，我们才容易写出好文章。

我个人所采用的是全用腹稿和全不用腹稿两极端的一种折中办法。在定了题目之后，我取一张纸条摆在面前，抱着那题目四方八面地想。想时全凭心理学家所谓“自由联想”，不拘大小，不问次序，想得一点意思，就用三五个字的小标题写在纸条上，如此一直想下去，一直记下去，到当时所能想到的意思都记下来了为止。这种寻思的工作做完了，我于是把杂乱无章的小标题看一眼，仔细加一番衡量，把无关重要的无须说的各点一齐丢开，把应该说的选择出来，再在其中理出一个线索和次第，另取一张纸条，顺这个线索和次第用小标题写成一个纲要。这纲要写好了，文章的轮廓已具。每小标题成为一段的总纲。于是我依次第逐段写下去。写一段之先，把那一段的话大致想好，写一句之先，也把那一句的话大致想好。这样写下去时，像上面所说的，有时有新意思涌现，我马上就修改。一段还没有写妥时，我决不把它暂时摆下，继续写下去。因此，我往往在半途废去了很多稿纸，但是一篇写完了，我无须再誊清，也无须大修改。这种折中的办法颇有好处，一则纲要先想好，文章就有层次，有条理，有轻重安排，总之，就有形式；二则每段不预先决定，任临时触机，写时可以有意到笔随之乐，文章也不至于过分板滞。许多画家作画，似亦采取这种办法。他们先画一个大轮廓，然后逐渐填枝补叶，显出色调线纹阴阳向背。预定轮廓之中，仍可有气韵生动。

寻思是作文的第一步重要工作，思有思路，思路有畅通时也有蔽塞时。大约要思路畅通，须是精力弥满，脑筋清醒，再加上风日清和，窗明几净，临时没有外扰败兴，杂念萦怀。这时候静坐凝思，新意自会像泉水涌现，一新意酿成另一新意；如果辗转生发，写作便成为人生一件最大的乐事。一般“兴会淋漓”的文章大半都是如此做成。提笔作文时最好能选择这种境界，并且最好能制造这种境界。不过这是理想，有时这种境界不容易得到，有时虽然条件具备，文思仍然蔽塞。在蔽塞时，我们是否就应放下呢？抽象的理论姑且丢开，只就许多著名的作家的经验来看，苦思也有苦思的收获。唐人有“吟成一个字，捻断数茎须”的传说，李白讥诮杜甫说：“借问近来太瘦生，总为从来作诗苦”，李长吉的母亲说“呕出心肝乃已”。福楼拜有一封信札，写他著书的艰难说：“我今天弄得头昏脑晕，灰心丧气。我做了四个钟头，没有做出一句来。今天整天没有写成一行，虽然涂去了一百行。这工作真难！艺术啊，你是什么恶魔？为什么要这样咀嚼我们的心血？”但是他们的成就未始不从这种艰苦奋斗得来。元遗山与张仲杰论文诗说：“文章出苦心，谁以苦心为？”大作家看重“苦心”，于此可见。就我个人所能看得到的来说，苦心从不会白费的，思路太畅时，我们信笔直书，少控制，常易流于浮滑；苦思才能剥茧抽丝，鞭辟入里，处处从深一层着想，才能沉着委婉，此其一。苦思在当时或许无所得，但是在潜意识中它的工作仍在酝酿，到成熟时可以“一旦豁然贯通”，普通所谓“灵感”大半都先经苦思的准备，到了适当时机便突然涌现，此其二。难关可以打通，平路便可驰骋自如。苦思是打破难关的努力，经过一番苦思的训练之后，手腕便逐渐娴熟，思路便不易落平凡，纵遇极难驾驭的情境也可以手挥目送，行所无事，此其三。大抵文章的畅适境界有两种，有生来即畅适者，有经过艰苦经营而后畅适者。就已成功的作品看，好像都很平易，其实这中间分别很大，入手即平易者难免浮浅，由困难中获得平易者大半深刻耐人寻味，这是铅锡与百炼精钢的分别，也是袁简斋与陶渊明的分别。王介甫所说的“看似寻常最奇倔，成如容易却艰辛”，是文章的胜境。

作文运思有如抽丝，在一团乱丝中拣取一个丝头，要把它从错杂纠纷的关系中抽出，有时一抽即出，有时须绕弯穿孔解结，没有耐心就会使紊乱的更加紊乱。运思又如射箭，目前悬有鹄的，箭朝着鹄的发，有时一发即中，也有因为瞄准不正确，用力不适中，箭落在离鹄的很远的地方，习射者须不惜努力尝试，多发总有一中。

这譬喻不但说明思路有畅通和艰涩的分别，还可说明一个意思的涌现，固然大半凭人力，也有时须碰机会。普通所谓“灵感”，虽然源于潜意识的酝酿，多少也含有机会的成分。大约文艺创作的起念不外两种。一种是本来无意要为文，适逢心中偶然有所感触，一种情境或思致，觉得值得写一写，于是就援笔把它写下来。另一种是预定题目，立意要做一篇文章，于是抱着那题目想，想成熟了然后把它写下。从前人写旧诗标题常用“偶成”和“赋得”的字样，“偶成”者触兴而发，随时口占，“赋得”者定题分韵，拈得一字，就用它为韵做诗。我们可以借用这个术语，把文学作品分为“偶成”和“赋得”两类。“偶成”的作品全凭作者自己高兴，逼他写作的只有情思需要表现的一个内心冲动，不假外力。“赋得”的作品大半起于外力的催促，或是要满足一种实用的需要，如宣传、应酬、求名谋利、练习技巧之类。按理说，只有“偶成”作品才符合纯文学的理想，但是在事实上现存的文学作品大半属于“赋得”的一类，细看任何大家的诗文集就可以知道。“赋得”类也自有好文章，不但应酬唱和诗有好的，就是策论、奏疏、墓志铭之类也未可一概抹杀。一般作家在练习写作时期常是做“赋得”的工作。“赋得”是一种训练，“偶成”是一种收获。一个作家如果没有经过“赋得”的阶段，“偶成”的机会不一定有，纵有也不会多。

“赋得”所训练的不仅是技巧，尤其是思想。一般人误信文学与科学不同，无须逻辑的思考。其实文学只有逻辑的思考固然不够，没有逻辑的思考却也决不行。诗人柯尔律治在他的《文学传记》里眷念一位无名的老师，因为从这老师的教诲，他才深深地了解极放纵的诗还是有它的逻辑。我常觉得，每一个大作家必同时是他自己的严厉的批评者。所谓“批评”就要根据逻辑的思想和文学的修养。一件作品如果有毛病——无论是在命意布局或是在造句用字——仔细穷究，病源都在思想。思想不清楚的人做出来的文章决不会清楚。思想的毛病除了精神失常以外，都起于懒惰，遇着应该分析时不仔细分析，应该斟酌时不仔细斟酌，只图模糊敷衍，囫囵吞枣混将过去。练习写作第一件要事就是克服这种心理的懒怠，随时彻底认真，一字不苟，肯朝深处想，肯向难处做。如果他养成了这种谨严的思想习惯，始终不懈，他决不会做不出好的文章。

朱光潜先生不愧是文章大家，在美学观点上融会中西，把写文章背后的心理活动描述得如此细致而深入，娓娓道来，而且观点鲜明，思想深刻，让人读完有豁然开朗之感。

从写作是“用手”还是“用心”这一问题出发，阐述了两种截然不同的美学观点：一种认为创作完全是心灵的活动，写作不过是把它记录下来而已；另一种则完全否定了文章的构思过程，把“无形式”当作写作的信条。在朱光潜先生看来，这两种极端做法都不足取，认为“寻思是作文的第一步重要工作”，“寻思”即构思，一个重要方法就是“自由联想”，通过发散性的思维形成文章的纲要和轮廓，并逐步明确文章的结构和布局。所以，构思是文章能否成功的核心要素。在写作过程中，有时感到“兴会淋漓”，有时则要苦心孤诣，朱光潜先生借由“偶成”和“赋得”两种诗歌形式，论证了灵感和苦思各有其重要性，且存在互相转化的可能。这等阐幽发微之说，非创造感受丰厚者不能为。

从文中可见，朱光潜先生讲述的文章写作过程，与我们提到的成文四步有暗合之处，最为重要的是，朱先生的结论是：写文章不光是技巧的训练，更需要思想的训练和逻辑的修养。作品的毛病根源都在思想，而要练习写作，“第一件要事就是克服这种心理的懒怠，随时彻底认真，一字不苟，肯朝深处想，肯向难处做”。这样的谆谆教诲、金玉良言，值得所有写作者用心学习和揣摩。

V

第五章

终极要诀

功夫在诗外

前面几章由浅入深描绘了公文写作者的“成长路线图”，至此，基本可以称得上是一个成熟的写作者了。那么，是不是成长的道路就到头了，可以沾沾自喜了？其实还远远不够。因为，前面所述都是文稿起草工作的内部规律，而对于做好这项工作而言，除了方法技巧之外，还需要更多的学习和积淀。

我们发现，很多人在学习文稿起草时容易走进一个误区——往往只注重方法技巧方面的模仿、传授和培训，却忽略了一个真正的要点，那就是写作之外的素质和思想力的培养。文稿的写法只是一种专业知识的表现形式，一种技术主义的实践范本，本身并没有多少实际意义，文稿起草更多是一种思想力价值的竞争。当我们在起草文稿或者发言的时候，或多或少会遇到无话可说的情况，究其原因，文笔不好、口才太差都只是表面原因，根源在于没有思想，或者说对所写的主题、所谈的话题缺乏真正的思考。

中国古代很多名人不仅文章写得好，往往诗、书、棋、画样样精通，像诸葛亮、范仲淹、苏东坡、王阳明，包括近代的毛泽东，个个都是大通才，有些是诗人、书法家、政治家，有些是哲学家、画家、音乐家，但所有的这些“家”全都加起来，其实只是一个“家”，那就是思想家。

正如上一章所讲，写文章的最佳方法就是“悟”。“悟”是作者知识、见识、经验、阅历、思想等的集之大成。文章不是“写”出来的，而是积累出来的，思考和研究出来的，也是“悟”出来的，这就是“文字匠”与思考者的区别所在。陆游写道：“汝果欲学诗，功夫在诗外。”文稿起草的道理也一样。

学好三门课

公文起草者虽出身不同的专业，工作之后大多也学习过写作相关的课程和所处行业的知识，但这些都还不够。想成为一名优秀的写作者，要学的还有很多东西。其中，最重要的是哲学、逻辑学、心理学，这三者是思想力的“源泉”。简单地说，哲学是解决“怎么看”的问题，是认识论；逻辑学是解决“怎么办”的问题，是方法论；心理学是解决“为谁写”的问题，是对象论。

哲学是关于世界观的理论体系，是关于自然知识、社会知识和思维知识的概括和总结，是人类认识世界的总开关、总钥匙。马克思说过：“任何真正的哲学都是自己时代精神的精华。”所以哲学是思想力的根本，是文稿起草者必须牢牢掌握的基本知识与基本原理。文稿起草的过程，就是一个运用哲学思想认识问题、分析问题、解决问题的过程。没有哲学思想的指引与统领，就没有对事物或问题的本质认识，就难以提升文稿的价值。

哲学是一个很大的概念，有非常多的学科分类和学术流派。比如，按研究对象划分，有自然哲学、认识哲学、社会哲学、人生哲学；按地域划分，有东方哲学和西方哲学；按各家哲学的特点划分，西方有黑格尔哲学、休谟哲学、康德哲学、马克思主义哲学等，东方有儒家、道家、释家、墨家、法家等。无论学习哪一类哲学，对于我们训练思维、提升认识、启发思考、启迪智慧以及感悟人生都有非常重要的作用。对于起草文稿来说，最基础、最重要的是学好马克思主义哲学，其中的辩证法、认识论和历史观是写出高质量材料的法宝。

比如，为领导起草在中外石化跨国公司高层对话会上的发言，在阐述为什么我国石油企业要走出国门、迈向世界这个问题时，从以下几点分析了原因：这是遵循国际石油行业发展的一般规律；这是顺应经济全球化浪潮的内在需要；这是满足国际资本市场要求的重要途径。这就比认为石油企业走出去只是为了保障国家能源安全更深入了一层，体现了透过现象看本质的哲学思维。比如，前面第三章引用过在《财经》并购专题论坛上的演讲，在谈到关于如何正确认识对外并购时，运用了马克思主义哲学的辩证法和认识论，就体现了发展的观点、联系的观点和历史的观点。还有前面举例中提到的，阐述有中国特色的国际一流能源公司这一命题时，如何对这一概念加以界定，从哪些角度进行论述，就充分运用了哲学思维。最终形成的三个内容其实就是哲学认识论的综合运用：基本内涵运用的是本体论，主要特征运用的是现象学，发展目标体现的是目标论。再比如，在"三严三实"党课材料中，在指出存在的"不严不实"问题时，关于用权不严是这样说的：党和人民赋予领导干部一定的权力，是一种信任和重托，越是职位高、权力大，越要牢记权力的本质，树立正确的权力观。在严以用权方面很多党员干部都做出了表率，比如杨善洲身为地委书记，对自己和家人严格要求，公私分明，很好地诠释了什么是严以用权。但现实中一些党员干部信奉"有权不用过期作废"，一朝权在手，便把利来谋。从近年来查处的国有企业负责人严重违纪违法案件，特别是国企高管蒋洁敏、王永春、宋林等案件看，都有利用职权为自己和他人谋取不正当利益的问题。我们公司从成立之初就特别注重按制度和程序办事，干部队伍整体的规则意识和程序意识是比较好的，但是也不代表就没有问题。现实中我们可以看到，一些人一旦有了一定的职务，就昏昏然、飘飘然，忘乎所以，不知天高地厚，胆大妄为，无所顾忌。

从这一段话来看，一开始从正面立论，褒奖严以用权的典范，然后从反面指出问题，再转到公司情况上，描述整体情况虽然较好，但同样存在各种问题。这里其实就是运用了哲学的"正反合"理论，从而形成了正反对比，拓展了哲学深度，既有赞誉又有警戒，既全面描述又突出典型，比起直接指出问题效果要好得多。

逻辑学是以思维为研究对象的科学，由古希腊哲学家亚里士多德创立。逻辑学的性质，主要体现在它的工具性——它是人们正确思维、论证和表述的重要工具，是思想力的表达形式。文稿起草本身就在运用概念，就离不开逻辑。概念、判断、推理，既是文稿起草的基本方法，也是逻辑学的基本要素。学习逻辑学可以提高使用概念、做出命题和进行推理的本领，在认识事物和思考问题时，能够做到概念明确、命题恰当、推理有逻辑性，论证有说服力。具体作用可以概括为以下几点：

第一，逻辑是认识问题、分析问题的必要工具。文稿起草的过程，也是人的思维认识活动的过程。在认识活动中，我们可以根据逻辑知识，将已知的一般原理、规律性的知识应用到个别的事物上去，从而得出新的结论；也可以由已知的、个别的、特殊的知识概括出一般性知识，从而扩大知识原理的适用范围。比如我们在提炼总结公司发展模式时，归纳出的“专业化发展，市场化运作，集团化管理，差异化竞争”就是逻辑思维的结果。

第二，逻辑是提高语言表达能力的工具。文稿起草意在表达思想，但表达的水平有高有低。究其原因，既有语法、修辞问题，也有逻辑问题。要提高思想表达效果，就必须做到观点明确、用词恰当、文理通顺、条理清晰、富有说服力。这些都与逻辑问题密切相关。比如，在研究关于培育公司发展的新经济增长点这一问题时，我们提出，称得上“新经济增长点”的新业务，必须符合几个特征：能够构成企业的长期竞争优势（时间约束）；能够成长为公司的支柱业务（规模约束）；盈利前景要基本明朗（效益约束）。如果不运用逻辑思维，很难做到观点明确、表达清楚。

第三，逻辑是我们掌握和学习新知识的工具。任何一门学科都是由一些基本概念和命题组成的，都有独立的范畴体系。而概念之间的关系、命题之间的关系与推演、某个命题的证明，都建立在逻辑规律的基础之上，它们相互之间有着内在的逻辑联系。如果我们具有一定的逻辑知识，就可以按照材料素材之间的固有联系，自觉地分析它的内在结构和各部分之间的逻辑关系，就能快速学习，结构性地把握一个新的领域知识，较快地、较准确地完成一篇文稿的逻辑再造与重构过程。比如，在准备开发技术座谈会讲话时，面对非常专业的领域，我们从基本概念和术语入手，理清其中的逻辑关系和概念之间的相互联系，包括已动用储量与未动用储量的关系，地下油藏与地面的关系，勘探开发工程的序列关系等等，从而很快地把握内在规律，了解这一专业门类的大致知识，为文稿起草打下基础，也加深了对专业知识的理解。

第四，逻辑是识别和揭露逻辑错误的重要工具。逻辑所代表的正确思维形式及其所应遵守的规律规则，是识别谬误的准绳。掌握了正确的思维形式及其规律规则，就可以自觉地发现和避免逻辑错误，澄清糊涂观念。我们在公文起草中经常会发现一些概念混淆、因果倒置、同题反复、循环论证、文题不符、以偏概全等逻辑错误。懂得逻辑知识，就能轻易地发现这些错漏之处，并加以纠正和补救，使文稿更具说服力和逻辑感。比如，“为了加快中国的发展，必须大力发展高科技产业。因为在发达国家，高科技产业都非常发达”，这明显是犯了“因果倒置”的逻辑错误。

心理学既是一门理论学科，也是一门应用学科。从文稿起草的角度来说，主要是学习和掌握一些心理学方面的常识性东西，用以帮助我们研究分析服务对象（领导）与受众（群体或个体对象）的心理现象，即知觉、认知、情绪、人格、行为和人际关系等心理状态和外部环境。现在提倡的“靶向思维”——即点对点的定向思维模式，就是心理学的一种实用方法。懂得领导的心理，知道领导对文稿的基本要求，才能使文稿“适销对路”，少出现返工情况。同样的道理，当上级需要我们写经验材料、典型材料、检查材料、演讲材料、述职材料等时，也都需要运用心理学的知识来评估文稿的认知对象，尽可能地通过咨询、交流等方式，准确获取上级对文稿的基本意图、评估标准、认知特征、动态维度等方面的心理信息样本，然后在充分进行心理信息认知处理的基础上，做好选题、布局、用语、撰写等工作。这样写出来的文稿，既能“投其所好”，又能“事半功倍”。比如，要为一位新领导写一篇讲话稿，起草者就要从心理学的角度，应用“靶向思维”方式，观察分析出这位领导的讲话风格、语言特点、学识背景、人生经历、思维方式、行事状态等方面的心理现象，然后通过对这些认知信息进行接收、编码、贮存、提取和适用，从而使材料写作达到“量体裁衣”的效果。

练好三门功

问题意识、调查研究、思维训练，这三门功是对哲学、逻辑学、心理学三门课的实际应用，也是思想生成的“核心要素”。概念中的问题与问题中的概念相脱离，往往会走火入魔。因此，千万不能脱离现实去思考纯概念，否则概念就会变为“魔障”，陷入“八股文”的套路中不能自拔。加强问题意识、调查研究、思维训练，是走出从概念到概念这一怪圈的必由之路。

问题意识。就是一种提问题的能力，是一种主动思考的思想准备。习近平总书记在《在哲学社会科学工作座谈会上的讲话》中提到：“柏拉图的《理想国》、亚里士多德的《政治学》、托马斯·莫尔的《乌托邦》等著作，过去我都翻阅过，一个重要感受就是这些著作都是时代的产物，都是思考和研究当时当地社会突出矛盾和问题的结果。”树立问题意识，就是要善于发现问题、提出问题、直面问题、研究问题、回答问题，积极推动问题的解决，本质上是一种创造性思维的过程。爱因斯坦说：“提出一个问题往往比解决一个问题更重要。”因为解决一个问题也许仅仅是一个数学上或试验上的技能，而提出新问题，从新角度看旧问题，却需要创造性思维。苏格拉底对此有个有趣的比喻：“问题是接生婆，它能帮助新思想的诞生。”

心理学研究表明，意识到问题的存在是思维的起点，没有问题的思维是肤浅的思维、被动的思维。问题意识在思维过程中占有非常重要的地位，是培养思想力和创新精神的切入点。一个有问题意识的作者，在文稿酝酿过程中，会产生解决问题的需要和强烈的内驱动力，驱使个体积极思考，不断提出问题和解决问题。问题意识决定文稿的研究方向和研究深度，是对写作者思想力和理论功底的真正考验。没有问题意识，就难以找到材料的表达突破口，即使抓对了问题，也可能浅尝辄止。可以说，文稿起草者没有问题意识，本身就是大问题。严格说来，起草每一份文稿，都应该或者能够提出一个重大而现实的问题，或者回答一个问题。提不出问题，空空如也的文稿，只能称之为素材。现在许多文稿成了“语言垃圾”和“公文旅行”，就是没有问题意识所致。起草一篇文稿，归纳几个司空见惯、平淡无味的观点，再堆砌一些无关痛痒、时髦词语的评说，这样的稿子连“鸡汤”都算不上，只能是白开水一杯。

如何培养问题意识？

第一，要培养学术意识。就是说，应该有像钻研学术一样的态度和坚持。学问学问，有问才有学，没有问题的学术是伪学术。事实上，那些接受过良好的学术训练，具备了学术意识的人，脑子里始终都会有问题意识。李政道说过：“要创新，需学问，只学答，非学问，问愈透，创更新。”起草文稿也要从问题出发，抓准问题，然后运用正确的思维方法进行分析，提出真知灼见。前面举例说过的关于产量与效益的关系，就是对“产量对石油公司一直那么重要吗？”这个问题思考的结果。与这个问题类似，我先后研究过“中国石油企业为什么要走出去？”“中国炼油产能过剩了吗？”“石油工业是否进入薄利时代？”等一系列问题，并写作了《中国石油工业若干问》的一组文章，通过提出问题、分析问题和试图解决问题，形成了自己对一些问题的独到看法，为文稿起草积累了丰富的观点和素材。

第二，要学会围绕问题起草文稿的基本方法。这就是前面所说的思考逻辑，其步骤是：提出一个新问题（证明你在思考，有的放矢）；有一个自己悟到的新思想（可以看出你对这个问题的独到理解）；有几个自己精心挑选的事例（证明你经过了调查研究，能够从理论与实践的结合上说明新问题）；有几个合适的比喻、典故或数据（这说明你已吃透了这个问题，能够深入浅出）；有与文件不同的表述或阐释新问题的语言（说明你不是在抄文件、抄社论、抄讲话）。这个操作方法比较笨，但比较有效，经常操练，长此以往，久久为功，抓问题的本事和写稿子的本事也就水到渠成了。

第三，要学会与时俱进提问题。马克思有句名言：“问题就是时代的口号，是它表现自己的精神状态的最实际的呼声。”研究问题是起草工作的起点，所提问题起点的高低，决定了文稿水平的高低，最终反映的是写作者思想水平的高低。一个好的写作高手，要习惯于从时代的口号、社会的呼声中去寻找问题、发现问题，真正把文稿接入时代的“端口”，体现其重要的现实价值。记得有一次，我们要为领导准备一篇在新华网能源论坛上的发言稿。当时是2014年，此前的中央财经领导小组第六次会议上，习总书记提出要“坚定不移推进改革，还原能源商品属性，构建有效竞争的市场结构和市场体系，形成主要由市场决定能源价格的机制”。我们深入领会中央精神，结合企业自身特点，提出了“能源体制改革如何在成品油销售领域落地”这样的问题，并围绕这一问题深入思考研究，最终确定了“加快成品油价格机制市场化步伐”的核心观点，并提出了尽快放开成品油零售限价的建议。这篇讲话发表后，引起了媒体的普遍关注。

调查研究。习近平总书记强调：“调查研究是谋事之基、成事之道。”他在2011年11月16日中央党校秋季学期第二批入学学员开学典礼上，曾专门就调查研究问题发表了长篇重要讲话，明确指出：“调查研究是做好领导工作的一项基本功，调查研究能力是领导干部整体素质和能力的一个组成部分。”在文稿起草工作当中，应该把不断提升调查研究能力作为一个重要基础和关键环节，摆在更加突出的重要位置。

调查研究的实质是深入全面认识事物的方法和过程。习近平同志指出：“调查研究，是对客观实际情况的调查了解和分析研究，目的是把事情的真相和全貌调查清楚，把问题的本质和规律把握准确，把解决问题的思路和对策研究透彻。这就必须深入实际、深入基层、深入群众，多层次、多方位、多渠道地调查了解情况。”从起草文稿的角度来说，调研是文字工作的基石，是写好文章的支撑，不搞调研，不明情况，脑子里没东西，巧妇难为无米之炊。网络时代人们获取信息的渠道越来越多，写东西似乎变得越来越简单，了解情况由过去的“面对面”变成了现在的“键对键”，一些文稿的产生不是在调查研究基础上用心写出来的真知灼见，而是从网络上下载的批量“材料生产”。许多人对调查研究不以为然，认为现在是“天大地大网络最大”，可以做到“秀才不出门，便知天下事”，“闭门造车”照样能够“推陈出新”。我就曾经听到有人向别人炫耀：“我写材料只用两个键——Ctrl+C和Ctrl+V。”事实上，用这种方式“生产”的文稿，只是“看上去很美”，实际上却是用一堆“正确的废话”装饰起来的语言垃圾，其症结在于没有体现写作者思想在内的劳动价值，因而是没有生命的。互联网对于迅速学习应用新知识、提升工作效率等确实起到了巨大作用，但更多还是属于技术范畴的工具，并不能替代调查研究的本质要求，更不能替代人的思考。

调查研究，包括调查与研究两个环节。前者是感性认识，后者是理性认识。调查研究实质就是用感性认识反复刺激理性思维，从而产生思想“火花”的过程。坚持调查研究、提升调查研究能力，是文稿写作的必由之路，它是起草者获得正确认识的源泉，也是检验和深化思想认识的根本。起草文稿的人，不论阅历怎么丰富，不论互联网思维能力如何强大，都不能代替亲力亲为的调查研究。因为直接与基层接触，面对面地了解情况和商讨问题，获得的认识和感受与间接听汇报、看材料、从网上获取信息是截然不同的。通过深入实际调查研究，把大量零碎的材料经过去粗取精、去伪存真、由此及彼、由表及里地思考、分析、综合，加以系统化、条理化，透过纷繁复杂的现象抓住事物的本质，找出它的内在规律，由感性认识上升为理性认识，写出来的文稿质量和水平才会有保障。

调查研究的方法有很多，如专题式蹲点调研、解剖“麻雀”、实地考察式调研、座谈式调研等等，都是一些常见的传统调研方式。要做好调研工作，需要掌握一些社会调研和研究的方法，比如统计、调查、访谈、数据分析、行业研究等方法。此外，也要积极适应新形势新情况。特别是当今社会信息网络化的趋势，学习了解“互联网+”模式、大数据思维的特点，不断创新调研方式，逐步把现代信息技术引入到调查研究领域，努力学习掌握运用现代科学技术的调研方法，创新开展问卷调查、统计调查、抽样调查、网络调查、视频对话调查等调研手段，进一步丰富调研渠道，提高调研的效率和科学性水平。

比如，我们公司下属的一家并购企业，由于所处的行业产能过剩，装置技术水平不高，综合竞争能力不强，且历史包袱沉重，面临的经营压力比较大，转型升级的任务也比较艰巨。因为这家企业并入时间不长，且行业关联度不大，一开始我们对其并不是特别了解，主要是通过汇报材料等二手材料来了解其情况。近些年该企业通过内部改革和加强管理，生产经营得到很大改善，但一些问题并没有得到根本性解决。这时我们就考虑：这个企业改革发展取得了哪些新成绩？有哪些经验和启示值得借鉴？还面临哪些深层次问题需要破解？能否为促进其改革发展提供一些对策建议？带着这些疑问和思考，我们前往这家企业进行了实地调研，通过座谈会、实地走访、个别访谈、查阅资料等形式深入了解其实际情况，总结近几年该企业求生存谋发展取得的成绩和经验，分析制约发展的困难与问题，从如何保护其改革发展良好势头、提高发展质量效益出发，提出了选择该企业进行改革试点、深挖管理潜力、完善激励机制、加强安全环保工作等建议，切合实际，有的放矢，因而得到了公司主要领导的重要批示，对推进相关工作起到了良好促进作用。

思维训练。正常人都具有一种与生俱来的思维和表达能力，但是，这样的能力并不都是经过严格思维训练后形成的逻辑能力，难免具有习惯性和随意性。平时写文章过程中出现的“走题”“文理不通”等错误，都是违背逻辑规律造成的。逻辑能从理论上揭示正确思维的规律，通过学习逻辑，可以由自发的逻辑思维上升为自觉的逻辑思维，从而避免犯逻辑错误，增强表达能力。思维能力就像肌肉，需要经常锻炼才能提升，要想提高思维的效率和准确性，应该经常性地进行思维训练，这种训练可以称为“思维体操”。具体到文稿起草中，要学习把握好以下几条规律。

第一，学会把复杂问题简单化。文章无定式，内在有规律。掌握了方法，抓住了内在规律，就掌握了通往成功的钥匙。对于公文而言，有许多固定模式和套路，也有许多习惯的构思方法，初学者可以先从模仿起步，逐步掌握各种固定套路，对于相似的主题内容，学会用一个框架模式把它固定下来，并在实践中反复使用，做到熟能生巧。可以选择一些范文精心研读，用心揣摩其思路及语言风格，细心体会其谋篇布局、形式特征，观察体会经验丰富的同志从立意构思到谋篇布局，从着手起草、反复修改到最终定稿的整个过程，领悟每一处细节。掌握了基本套路之后，再静中求动，在不变中求变，遇到新的情况，再积极发挥主观能动性，探索新的形式，掌握了新的方法之后，又把它转化为固定程序和套路。这样循环往复，既是一个从模仿到创新的过程，也是把复杂问题简单化的过程。

第二，注意平时多储备观点。就是注意积累一些有战略性、有价值、有内涵的思想观点，有备无患，这样写作时就可以在分析、选择、提炼材料的基础上，在积累的观点库中选择合适的思想素材，需则用之。这里介绍一个小工具，我们可以借助现在非常流行的“云笔记”之类的软件，对日常学习和工作中发现的有价值的素材，以粘贴、拍照等方式随手记录下来，到了该用的时候，无论是手机端还是PC端，都可以随时随地进行查阅和编辑，大大提高了工作效率。

第三，要反复练习。有一个“一万小时理论”，就是不管做什么事情，只要坚持一万小时，基本上都可以成为该领域的专家。这说明了一个道理，所有的高手都是训练出来的，只不过他训练的时候你看不见而已。每一个轻而易举的成功背后，都有数不清的汗水。要把每一次起草的过程当成锻炼自己思维能力的过程，珍惜这种过程，而且平时要多做一些思维训练和思想演练，带着问题思考和钻研，让自己保持学习，让思维处于活跃状态，保持信息接收的灵敏度，通过阅读积累逐步搭建自己的知识平台和体系，这样，遇到问题时就能快速启动思维程序，提高思考效率。这样的思考状态本质上是一种研究的状态，这个过程中，艰苦的努力和长期的坚持必不可少。有人戏言，把研究二字拆开看，即“石开九穴”，说明研究不是一件轻松的事儿，要下很多功夫，反复练习，锲而不舍地努力。

做好三件事

善于学习，勤于练笔，乐于总结，这三件事是思想力发展和提升的不竭动力源泉。这些基础一旦形成，对写作者来说是受益终身的，而没有打好这些基础，影响也是致命的。

善于学习。宋代大儒朱熹有一首诗："半亩方塘一鉴开，天光云影共徘徊。问渠那得清如许，为有源头活水来。"一方池塘，清澈如镜，映照天光云影，是因为不断有活水注入。对于文稿起草者而言，学习就是那股潺潺流淌、源源不断的"活水"。一旦停止了学习，写出的文稿就会成为一潭"死水"。许多人把起草文稿视为苦差事，偷懒是一个原因，更主要的是脑子里没货，平时不善于学习。学习是思想力的"生长素"，没有学习的养料，思想永远长不大。

习近平总书记曾多次强调："中国共产党人依靠学习走到今天，也必然要依靠学习走向未来。"作为文稿起草者，更要把学习作为一种习惯，不断加强政治学习、理论学习和专业学习。学习的特征是"自发"，爱因斯坦说过："人的差异在于业余时间。"八小时以外是自我"充电"的最佳时间。在自我"充电"时，要注意以下几个要点。

第一，提高学习的针对性和实效性。没有目的、不讲实用的学习，虽然也能开卷有益，但只能学习到知识，却无法激活知识，转化成现实的思想力。我们要以学会知识为目的，而不要以学习知识为目的。王阳明讲"知行合一""事上磨炼"，就是强调学习要以实践为目的。纯粹的知识学习虽然也很重要，但在文稿起草的范畴内，不以解决现实问题为目的的学习是没有意义的。因此，在学习过程中，要有独立思考意识，既不要学什么信什么（机械唯物主义），又不要信什么学什么（形而上学）。要以工作需要为半径，确定一个学习范围，急用先学，强化知识的变现能力。还要注重学习知识的系统性，零散的知识是没有力量的，构成知识体系才具有威力。

第二，善用网络，避免碎片化学习。互联网时代人们学习掌握知识的渠道更加便捷，似乎削弱了记忆功能的作用，这一点很可怕，人如果放弃了记忆功能，就真正成了电脑的奴隶。天天上网不叫学习，那叫刷信息。知识很重要的一个特征是记忆，目的是强化知识的储备与变现能力。知识不是用来收藏的，攒知识的目的是为了应用，因而很多知识是需要记忆的。有用的知识需要及时储存在自己的头脑中，再分门别类地加以整理，日积月累，以便随时应用。在信息化和知识爆炸时代，要充分运用信息网络化的特点和优势，创新积累知识的方式，学会专题式学习，提高快速学习能力，学会建立知识索引，知道到哪里去找东西，学会使用数据库获取海量信息，更要有对知识信息的整理加工能力。但是，特别需要注意的是，一定要有目的地坚持学习，不要漫无目的在网络上漫游，否则互联网强大的刷新功能很可能让你的注意力转移，偏离最初的方向，陷入碎片化当中。比如，如今在微博、微信上传播的信息内容五花八门、质量参差不齐，有时很容易被吸引，但结果看了一天下来，筋疲力尽，似乎获得了很多信息，但真正留在脑子里的很少，能够转化为知识储备的就更少了，这是因为这样的信息接收方式是完全被动的，自己的思维并没有被调动起来、参与进去，就不能产生真正的学习效果。所以在获取信息时一定要事先明确目标，有所取舍，排除无关干扰，避免碎片化，否则非常容易“走火入魔”。

第三，选择适合自己的学习方法。世界上不存在一个最好的学习方法，每个人的学习方法都可以不一样，合适自己的就是最好的。有人喜欢记笔记，有人喜欢在书上做批注，有人喜欢剪报，也有人习惯采取电子文档、建立资料库等方式，因人而异。比如卡片收集法，这可能是最古老的积累知识的方法，但是很有效。很多思想大家依靠卡片收集而成为知识巨匠，这种办法如今仍然是许多写作者的首选和最爱。因为卡片上的知识是一笔一笔书写上去的，那上面有收集者思想的体温，会打上知识收集者独特的思想烙印，与一般网络形式的攒知识方法是不能相提并论的。有句话叫“不动笔墨不读书”，读书动笔，能够做到手脑合一，有效提高学习效率，快速掌握书中的难点要点，也有利于储存知识和信息，积累写作素材，也能有效提高分析综合能力。

勤于练笔。公文写作，归根结底还是要“写”。欧阳修说：“无他术，惟勤读书而多为之，自工。”契诃夫也说：“头一个条件是必须写得多，总会有所成就的。”可见，这些大文学家也认为，写好文章的“诀窍”就是多写，写到一定程度，功到自然成。“写”不但是文字工作者的看家本领，更是敬业精神的重要体现。敬业必须要勤业，勤业才能专业，才能乐业。在勤练笔的基础上，做到以下几点，可以达到事半功倍的效果。

第一，要有怀疑精神。怀疑精神不同于怀疑论，而是与问题意识连在一起的，是一种创造性思维，既是研究问题的“探照灯”，也是提升工作兴趣、培养职业理想的“荷尔蒙”。古人说：“人非生而知之，谁能无惑？”“大疑则大进，小疑则小进，无疑则不进。”这里的“惑”与“疑”，都是提倡怀疑精神。要做到勤练笔，首先要始终保持一种旺盛的求知欲，促使自己不断从问题出发，为了解决问题而欲罢不能，而不是为了写而写。在工作中要做“有心人”，多问几个为什么，努力有所发现、有所感悟、有所创造。思考的广度与深度，决定了写作的广度与深度。

第二，要有“本领恐慌”的危机感。从心理学角度上讲，适度的压力或者危机感是一种积极的心理暗示，它可以使人产生巨大内生动力，从而促进人思维的积极性、主动性。俗话说：“要在游泳中学会游泳。”正是利用了这种危机感带来的内生动力，才能提高适应性和实际能力，从量变产生质变。习近平总书记在为《第四批全国干部学习培训教材》作的序言中强调：“全党同志特别是各级领导干部要有本领不够的危机感，以时不我待的精神，一刻不停增强本领。”文字工作者要时刻具备这种“本领恐慌”，从“不怕写”到“写不怕”，到“怕不写”。

第三，以写促学。我们大都有过这样的亲身感受：凡是自己思考、消化过并且亲手写过的东西，会牢牢留在自己脑海里，这与泛泛浏览资料的效果截然不同。在写作中掌握的知识点、形成的思维逻辑、出现的思想火花，都会成为自己新的知识储备，这是一个“知识的私有化”过程。勤于练笔，并不必局限于与工作相关的公文范围内，如果有时间和兴致的话，还可以多写一些工作之外的东西，掌握不同文体技巧，熟练掌握言情、说理、叙事、状物这些最常用的基本功，并能融会贯通，这会对我们起草文稿起到良好的促进作用。拿我自己来说，这些年除了工作上的职务写作之外，我还写过大量散文、诗歌等文学作品，不少的新闻报道作品，一些能源经济、企业管理、传播学等方面的学术论文，并在十余家纸质媒体和网络媒体上开设专栏，担任编委和撰稿人，写作各类随笔、评论以及专栏文字上百万字，为参加各类行业论坛撰写演讲稿，而且目前已出版了两本专业著作，另有几部著作在构思和写作当中。此外，在微信等新媒体上，也会发表一些公众号文章，或者兴之所至随手写一些短评。通过这些，我把写作变成了一种习惯，促进了自己的学习和工作。

乐于总结。总结是锻造思想力的“台阶”，文字工作者要善于总结，通过总结不断提升自己。可以关注以下几点：一是总结抓问题的深度。看看自己在问题意识和提问能力上是否有提高，是否能够做到再深入一步。二是总结写作技巧。看看自己是否较好地运用了哲学、逻辑学、心理学知识，在谋篇布局方面是否体现了辩证思维、战略思维、全局思维和创新思维。三是总结写作特点或风格。看看自己的作品有哪些特点，该如何去完善和发扬这些特点，进而逐步形成自己的写作风格。四是总结他人见解。《礼记·学记》中有句名言：“独学而无友，则孤陋而寡闻。”无论做研究还是起草文稿，不与他人切磋交流，往往会陷入知识单薄、见识狭窄的困境。向他人学习实际上是最难得的提升自己的机会，要认真听取别人的意见和建议，看看有没有道理，如何改进或发扬。做到取人之长，补己之短。

比如我在工作中形成的"事前有计划、事中有检查、事后有总结"的工作方法就很是行之有效，每一次总结都是对自己的一次提升。在一次大的工作结束之后，也不妨做一些总结，比如2016年工作报告起草完成后，我们起草团队认真召开总结会，每个人畅谈自己在工作中的体会和心得，总结经验教训，探讨如何进一步改进，使大家更加明确了目标和方向，积累了工作信心和经验。

勿忘工匠精神

2016年的国务院总理政府工作报告中有一段话这样写道："鼓励企业开展个性化定制、柔性化生产，培育精益求精的工匠精神，增品种、提品质、创品牌。"这是"工匠精神"一词首次出现在政府工作报告中，因此也备受全国关注。那么，到底什么是工匠精神？为什么要培育工匠精神呢？工匠精神对文稿起草有什么启发？

有一部叫《寿司之神》的纪录片，讲述了日本寿司第一人小野二郎的故事，他一辈子只做捏寿司一件事，并把自己所有的技巧和精神都投入在寿司中。现如今，小野二郎已年过90，依然在自己的寿司店里为客人制作寿司，他的店里只有6个座位，想吃到二郎捏的寿司，需要提前一个月预订，但他从不扩张店面，因为他认为追求数量会降低自己寿司的品质。他是全世界年纪最大的米其林三星主厨，在日本的地位相当崇高，被称为"寿司之神"。小野二郎曾说："你必须要爱你的工作，你必须要和你的工作坠入爱河……即使到了我这个年纪，工作也还没有达到完美的程度……我会继续攀爬，试图爬到顶峰，但没人知道顶峰在哪里。"这就是"工匠精神"的鲜明写照，具体表现就是踏实务实、日积月累，就是精致精细、执着专一，就是摒弃浮躁、宁静致远。

文稿起草也要培育这种"工匠精神"。文字工作是一项精细活儿，差之毫厘，谬以千里，如果有“差不多”“过得去”的思想，只会让自己的稿子流于庸俗，止于轻薄、肤浅和粗糙。文稿起草者要有精益求精的执着精神，把自己的每一篇文稿当作一件工艺品，精雕细刻、耐心打磨。而且文稿起草工作直接面对领导，往往时间紧、要求高，非常容易因疏忽大意产生差错，所以要在工作中逐渐去掉浮躁，沉下心来，做到构思写作时举重若轻，检查提交时举轻若重。

《劝学篇》中说：“不积跬步，无以至千里；不积小流，无以成江海。”苏东坡在《杂说·送张琥》中也把治学之道总结为：“博观而约取，厚积而薄发。”写作能力是一个人知识水平、学养、底蕴的综合反映，不是一朝一夕之事，而要靠长期不懈的积累，包括积累构思、积累知识素材、积累语言、积累写作信心、积累工作心态。积累构思、知识和语言都容易理解，积累写作信心，就是指在心理上从刚开始接受写作任务时的诚惶诚恐，逐渐转变为坦然面对、从容不迫；积累工作心态，就是在工作中严谨细致，处处留心看究竟，注重细节。只要坚持，每天都会有所收获，日积月累，必能内外兼修，厚积薄发。

延伸阅读

参翁同书片

（李鸿章）

再，前任安徽巡抚翁同书，咸丰八年七月间，梁园之挫，退守定远。维时接任未久，尚可推诿。乃驻定一载，至九年六月，定远城陷，文武官绅殉难甚众。该督抚独弃城远遁，逃往寿州，势穷力绌，复依苗沛霖为声援，屡疏保荐，养痈贻患，绅民愤恨，遂有孙家泰与苗练仇杀之事。逮苗逆围寿，则杀徐立壮、孙家泰、蒙时中以媚苗，而并未解围。寿城既破，则合博崇武、庆瑞、尹善廷以通苗，而借此脱身。苗沛霖攻陷池，杀戮甚惨，蚕食日广，翁同书不能殉节，反具疏力保苗逆之非叛，团练之有罪……军兴以来，督抚失守逃遁者皆获重谴，翁同书于定远、寿州两次失守，又酿成苗逆之祸，岂宜逍遥法外？应请旨即将翁同书革职拿问，敕下王大臣九卿会同刑部议罪，以肃军纪而昭炯戒。臣职分所在，例应纠参，不敢因翁同书之门第鼎盛瞻顾迁就。是否有当，伏乞皇上圣鉴训示。谨附片具奏。

这篇奏折是以湘军主帅曾国藩名义上报给皇帝的，但真正的作者是曾国藩的学生，时为其幕僚、后来成为晚清重臣的李鸿章。由于该奏折文笔老辣、杀伤力强，被人赞誉为“天下第一折”，唐浩明先生在《点评曾国藩奏折》一书中对该奏折曾做过精彩点评。

曾国藩领军平定太平天国时，大营中最多时有幕僚数十人，都是饱学善文之士，替曾国藩出谋划策，起草文书，李鸿章刚出道时也是其中一员。据说曾国藩每有重要文书要起草时，就会命多名幕僚分别写一份，从中选择最佳者。这既能保障公文的高质量，也是识别人才的一个有效方法。而李鸿章撰写的文书往往能拔得头筹，因而他深得曾国藩青睐。曾国藩称赞他说："少荃（李鸿章字少荃）天资于公牍最相近，所拟奏咨函批，皆有大过人处，将来建树非凡，或竟青出于蓝，亦未可知。"《参翁同书片》就是李鸿章起草的最为杰出的一篇公文。

此折历数翁同书忠奸不辨、误用歹人、措置失当、贪生怕死、连失两城的罪状，然后指出翁的几道奏折的自相矛盾之处，反驳他的种种自辩，令其无继续辩解的任何余地。而最为精彩、最有杀伤力的是最后两句："臣职分所在，例应纠参，不敢因翁同书之门第鼎盛瞻顾迁就。是否有当，伏乞皇上圣鉴训示。"话说到这一步，既把皇帝想"瞻顾迁就"的后路封死，又"伏乞皇上圣鉴训示"，给皇帝留了个面子。朝廷只得并不情愿地按规定将翁同书判"拟斩监候"。

李鸿章靠这篇不到700字的折子，将地位显赫、炙手可热的翁同书参倒，字字千钧，句句见血，其文字之精当、说理之巧妙、逻辑之严密、心思之老辣，让人击节。而李鸿章能做到这一点，与他天资聪颖、饱读诗书、长于案牍不无关系，也与他充分掌握事实因而能详细描述翁同书的罪状有关。此外，他能清晰把握朝廷中权力结构和情势，准确洞察皇帝的心理走向，也是该奏折能见效的重要因素。而这，正是"功夫在诗外"的体现。

Ⅵ

第六章

高手无招

不忘初心

经过千辛万苦的修炼，终于功力大增，到这个时候，似乎已经可以“笑傲江湖”“叱咤武林”了，隐隐然有“拔剑四顾心茫然”的感觉。还有更高的去处可以攀登吗？还有更高的境界值得追求吗？如果有，那真正的修为又是什么呢？

我们知道，武侠世界当中，真正的绝顶高手往往是“无招胜有招”的，没有具体外在的武功招式，但他的功力、修炼、境界已经内化为最高的功夫，可以于无声无形之中、飞花摘叶之间破敌制胜。这种功夫不到一定的境界是无法学的，而且要学也没有可遵循的武学招数，只能从内心出发，用自己裸露的真心去体会和感悟。在文稿起草中，真正的绝顶高手，也类似这样“深藏功与名”的无名大侠，“无招胜有招”的武学翘楚，即便很多人一辈子也无法企及，但这样的境界永远值得追求。

专业主义与“道路自信”

曹丕在《典论》中留下了名言：“盖文章，经国之大业，不朽之盛事。”把文章的功用抬到了无以复加的地步，也给了后世很多写作者巨大的激励。

但现实呢？从事过机关工作的人都很清楚，无论大小文稿的起草，都不是一件容易事儿。这是因为公文写作是一门专业学科，是一个人多方面综合功力的反映，而不是一个纯写作技巧的问题，更不是随随便便都能写、都写得好的。其次，公文写作又是机关公认的苦差事，对起草者的综合素质和奉献精神要求很高很严，但薪酬、待遇却与工作性质、工作负荷很不相称，机关文字工作者的价值没有得到全面承认。因此，社会上对公文写手也有一些误解和偏见，还有意编出一些“段子”来吐槽。比如，说写公文的是“五种人”：政治上是红人、工作上是忙人、生活上是穷人、身体上是病人、家庭中是罪人。这些话是有几分形象，但调侃的意味过浓，实际上非常夸张，也影响了文稿起草者的自我认知。这既是需要祛除的社会“刻板成见”，对于起草者而言，也要驱除这样的“心魔”，形成正确的自我认知，增强专业主义意识，建立“道路自信”。

公文写作是机关干部的基本功。机关干部有三大基本功，即办事、办会、办文。但不管办什么，最后都离不开公文写作。比如，组织一场大型会议，从会前的会议通知，到会上的主题报告、讨论议题、总结材料，再到会后的会议纪要，每一步都离不开公文写作。我就遇到过由于公文基本功不过关，导致会议流产的尴尬事。有一次，我接到某单位邀请开会的会议通知，可是由于通知内容对参会人员范围表述不清晰，造成部分人员理解偏差，最后到会人员不足，会议被迫延期，闹出了大笑话。所以，机关干部的文字基本功，是反映形象、体现水平、折射作风的一面镜子，必须下功夫练好。

公文写作是实现自我的重要途径。写作最大的一个好处，就是使思维得到了整理。原本凌乱的想法在写作过程中逐渐明晰，一些漏洞得到了弥补，稍纵即逝的想法被固定下来，最后形成一个完善的结构。写作也是别人认识你、了解你的一个途径。口头表达的很多机会被领导所占有，尤其是在大会上，一般干部很难有发言机会。书面表达则可以突破时空的限制、层级的限制，你独到的想法通过公文的交流，可以被更多人了解，一旦被领导采纳成了决策，无形之中对单位和社会发展做出了贡献，不但能够实现自我价值，从中获得成就感，也能因此被人关注，得到更好的发展机会。

公文写作是整合组织资源和以文辅政的重要手段。公文是组织意图的体现，作者具有群体性。即使是一般的文稿，也要经过一定程序把关，从起草、修改、定稿、签发，到接收、贯彻，要经过数人之手，每个人都在上面修改一点、完善一点，最后成了集体智慧的结晶。有些全局性的报告还要充分体现民主决策、科学决策的要求，原则上由领导提出基本思路，包括主要观点、意见和重大工作举措，起草班子草拟，经过自上而下地讨论形成，最终反映的是集体意志。在公文的写作与流转过程中，组织资源得到了整合，起草者发挥自己的专业作用，体现了自己的独特价值。通过发挥自己的主观能动性，积极以文辅政，提出独到的有价值的思路和观点，形成有指导意义的工作主张，同样可以为组织做贡献。在这个过程中，对于起草者的领悟能力、协调能力、分析能力也有很大的锻炼。

写作能力是一项重要的综合能力，是一门技艺，更是一种本事，学会了没有人可以拿走。古代没有写作能力的人是不可能进入仕途的，一些官员本身就是文章大家，如我们熟悉的屈原、韩非、曹操、诸葛亮、韩愈、苏轼、欧阳修、王安石、范仲淹、纪晓岚等等。当官不会写文章，可能是中国近几十年才有的事情，在人类历史上也是少有的现象。“文山会海”之所以出现，除了官僚主义作风外，也在于真正会写文章的人太少，肯动脑筋的人太少，肯负责任的人太少，而这恰恰凸显出文字工作者的价值所在。提高写作水平，是现实工作的需要，也是机关干部的一个努力方向。

历史上有很多公文，如晁错的《论贵粟疏》欧阳修的《朋党论》、毛泽东的《论持久战》，以及近代的《五四宣传单》、《抗日宣言》等。这些公文对现实问题的深刻思考，对社会发展趋势的敏锐洞见，不但使其成为名垂千古的经典公文，更成为推动当时社会发展和历史进步的重要载体，成为一个时代的呼声，这正是我们公文起草者所要追求的崇高目标。

建立自我，追求无我

在清华大学第一教室楼北端后山之麓，有一座庄严肃穆的纪念碑，正面端书“海宁王静安先生纪念碑”，这是为纪念我国清末民初大学者王国维先生而建。20世纪我国伟大的历史学家陈寅恪为王国维纪念碑撰写了碑文：

“士之读书治学，盖将以脱心志于俗谛之桎梏，真理因得以发扬。思想而不自由，毋宁死耳。斯古今仁圣同殉之精义，夫岂庸鄙之敢望。先生以一死见其独立自由之意志，非所论于一人之恩怨，一姓之兴亡。呜呼！树兹石于讲舍，系哀思而不忘。表哲人之奇节，诉真宰之茫茫。来世不可知也，先生之著述，或有时而不彰。先生之学说，或有时而可商。惟此独立之精神，自由之思想，历千万祀，与天壤而同久，共三光而永光。”

此文饱含深情，特别是最后提出的“独立之精神，自由之思想”，闪耀着真理的光辉，激励着后来一代知识分子追求独立自由的为学精神。文稿起草者从本质上说是读书人，是知识分子，应该把这句话作为自己追求的专业精神与价值取向，保持自己的独立人格和独立思考。有人格、有主见、有灵魂的人，才能写出好的公文，贡献出好的思想。

公文固然是机关工作的工具，但写作者不要把自己工具化，切忌成为利用公文技巧量产文字的写作“机器”，也不要以所谓的“笔杆子”自居（因为我始终认为，“笔杆子”这个称谓体现的是工具性，而非价值性）。从职业认知来说，要摆脱“师爷”、清客、御用文人等庸俗的自我身份定位，而要把从事这项工作视为一种服务于他人和社会的公职，是一种参与公共事务的途径，以专业知识和能力服务于社会，通过自己的工作创造社会价值，也从中积累阅历和见识，提高素质和能力，涵养心性与情操，砥砺意志和品格。

同时，要始终保持读书人的本色，不清高，不媚权。文稿起草工作与领导接触多，这只是为了工作便利，而不要总想“抱大腿”，搞人身依附，成为谁的人，而是要努力成为自己想成为的人，成为最好的自己。否则即便得到了一时的势力或者获得一官半职，也并非自我价值的真正实现，而是一种自我矮化，最终会品尝到心灵的空虚。

当然，从专业角度来说，公文写作不是个人行为，公文代表的不是个人意志而是组织意志，在公文当中，起草者既没有必要也不应该有个人独立写作的动机和意志。有思想、有主见并不等于以自我为中心，可以提出自己的观点和主张，但不能肆意发挥，更不能强加自己的观点于人，不能凭一人一己之见而为之。也就是说，不能想写什么就写什么，想怎么写就怎么写。一切想在公文中体现个人意愿、卖弄文字技巧的想法都应该抛弃。好的公文应该“只见事不见人”，达到“无我”的境界。“心底无私天地宽”，摒弃私心，这是基本的人格要求，也是重要的职业素养。

文章寸心事，得失千古知

“诗圣”杜甫晚年用一首诗表达了对诗歌创作的见解，开篇第一句是：“文章千古事，得失寸心知。”说文章是传之千古的事业，而其中的甘苦得失只有作者自己心里知道。确实，中国自古重文，乃至今天我们还能读到2000多年前的文章。然而在我看来，文章的得与失却不仅仅只有作者自己知道，当世之时、百年之后，人民与历史自会给出一个公论。不妨将杜甫这两句诗稍作修改——“文章寸心事，得失千古知”。我们在起草公文时，只要时时处处对得起自己的良心，得与失就交给“后之君子”，交给时间和历史来检验吧。具体来说，要做到几点。

尊重事实，实事求是。1992年邓小平视察南方时说过：“实事求是是马克思主义的精髓。要提倡这个，不要提倡本本。我们改革开放的成功，不是靠本本，而是靠实践，靠实事求是……我读的书并不多，就是一条，相信毛主席讲的实事求是。过去我们打仗靠这个，现在搞建设、搞改革也靠这个。我们讲了一辈子马克思主义，其实马克思主义并不玄奥。马克思主义是很朴实的东西，很朴实的道理。”文稿起草要对得起自己的良心，首要一条就是对得起事实。周恩来总理说过：“只有忠实于事实，才能忠实于真理。”不对客观事实怀有敬畏之心，不经调查研究，不做情况核实，想当然写情况，拍脑袋填数字，喊口号下任务，甚至掺杂了个人功利与情感好恶，无中生有，颠倒黑白，写出来的东西只会是垃圾，是毒瘤，将对工作造成严重不利影响。因此，重视调查研究，始终以实事求是为起草文稿的第一原则，说实话，谈实情，写实事，才能写出真正有分量、有价值，经得起时间和历史检验的优秀公文。

诚以立身，写心里话。中国文化特别重视一个“诚”字。《中庸》说：“诚者，物之终始，不诚无物，是故君子诚之为贵。”真诚是一杆标尺，可以用于衡量自己为人处世著文是否做到了真心诚意，是否达到了真实无妄。从事文稿起草工作，务必要牢记一个“诚”字。首先，对自己的工作本身要有诚意。俗话说：“干一行，爱一行。”既然选择了文字工作，就要用一颗诚心去对待，真心去发现文字中的精彩，努力热爱文字工作。将心比心，只要你真诚对待工作，工作也会用真情实意来回馈你。但是，如果你内心非常排斥，一提到写材料就头疼烦躁，但表面上还要故作积极给领导看，于是带着应付交差的态度，这儿摘摘，那儿抄抄，草草了事，以这种毫无诚意的态度写出来的稿子，其质量可想而知，工作的前途也可想而知。其次，对自己的文字要有诚意。《大学》里讲：“所谓诚其意者，毋自欺也。”文字本身从来不会欺骗人，只有人会欺骗人。然而，欺骗别人的人首先欺骗的总是他自己。我们在起草文稿时，千万不要欺骗自己，要讲心里事，写心里话，把自己对工作真实的认识、理解和建议写进材料，把自己在工作中真实的所见、所思、所感、所悟放入到材料中。只有充满真情实意的文字，才能引起受众的共鸣，才能直面现实问题，才能指导工作实践。任何虚情假意、矫揉造作的文字，组成的只能是空话、假话、套话，总是被人一眼识破，并心生厌恶。

当然，写心里话并不是不论对错，想怎么写就怎么写，而是要以不断提高自己的理论水平、认识水平、思维水平等为前提。随着个人综合能力的不断提升，心里话的分量才会越来越重。而且完全讲真话、讲心里话在现实中也或多或少有一些制约，效果也不一定都好，这种时候应该有一条底线，那就是：真话可以不全说，但至少不能说假话。

坚守原则，不忘初心。公文是“易碎品”，很多公文作者容易有一颗“玻璃心”。在实际工作中，我们的原则经常会遭到挑战，甚至开始对自己工作的意义产生怀疑。比如，没有时间去调研，只能依靠别人提供的二手、三手材料了解情况；再比如，辛辛苦苦熬了几个通宵起草的文稿，却被领导一句话“枪毙”了。那么，下一次，到底还要不要去争取拿到第一手材料？到底还要不要继续尽心尽力写作？北宋文学家范仲淹的《岳阳楼记》中有一句流传千古的名言：“不以物喜、不以己悲。”不因外物的好坏和自己的得失而或喜或悲，无论何时都坚持自己的内心原则，保持一种宁静致远、豁达淡然的心态，这是一种值得“心向往之”的境界。文字工作重在积累，水平的提高需要一个漫长的由量变到质变的过程，要把眼光放长，扎根于此，精耕细作，不能因一篇文稿的好坏，一次领导的褒贬或得意忘形，或怀忧丧志。始终用一颗平常心去对待一时的成败得失，坚持用事实说话，用真心为文，持续努力，久久为功，终有一天，会在这条路上成就辉煌，找到自己的价值。而如果因一时的得失而放弃了原则，只会离这条道路、这个目标越来越远。

有句话说得好：“不忘初心，方得始终。”初心，就是童心，就是赤子之心，就是未被环境和外物所污染的那颗心。当我们对自己的工作感到怀疑时，当因为一些挫折而心生沮丧时，要记得找到自己从事这项工作的初衷，那时满怀憧憬、满腔激情地走入这个门槛，肯定不是为了钱、也不是为了名，如果是为了这两者，可以有很多别的选择。那时是否是觉得，应该发挥自己的特长和优势，为这个社会创造独特的价值，为自己找到实现理想的途径，因为“让我常常引以为羞愧的是，世界馈赠给我的那么多，而我回报的那么少”。是否是因为，想用自己的“如椽之笔”，用“万钧之力”，抑恶扬善，激浊扬清，让这个世界变得更美好，因为“我们不会永远年轻，不会永远热泪盈眶，但依然对一个更美好的世界怀有乡愁”。当找到那颗“初心”，也一定找到了源源不断的力量和坚持的勇气。

最后，让我们读一读牛汉先生这首名叫《根》的诗，它是所有怀揣一颗真心为文的文字工作者的真实写照——

《根》（牛汉）

我是根。
一生一世在地下
默默地生长，
向下，向下……
我相信地心有一个太阳。

听不见枝头鸟鸣，
感觉不到柔软的微风，
但是我坦然，
并不觉得委屈烦闷。

开花的季节，
我跟枝叶同样幸福
沉甸甸的果实，
注满了我的全部心血。

延伸阅读

报任安书（节选）

（司马迁）

古者富贵而名摩灭，不可胜记，唯倜傥非常之人称焉。盖西伯拘而演《周易》；仲尼厄而作《春秋》；屈原放逐，乃赋《离骚》；左丘失明，厥有《国语》；孙子膑脚，《兵法》修列；不韦迁蜀，世传《吕览》；韩非囚秦，《说难》《孤愤》；《诗》三百篇，大抵圣贤发愤之所为作也。此人皆意有所郁结，不得通其道，故述往事、思来者。乃如左丘无目，孙子断足，终不可用，退而论书策，以舒其愤，思垂空文以自见。

仆窃不逊，近自托于无能之辞，网罗天下放失旧闻，略考其行事，综其终始，稽其成败兴坏之纪。上计轩辕，下至于兹，为十表，本纪十二，书八章，世家三十，列传七十，凡百三十篇。亦欲以究天人之际，通古今之变，成一家之言。草创未就，会遭此祸，惜其不成，是以就极刑而无愠色。仆诚以著此书，藏之名山，传之其人，通邑大都。则仆偿前辱之责，虽万被戮，岂有悔哉！然此可为智者道，难为俗人言也。

《报任安书》是我国伟大的史学家、文学家司马迁写给其友人任安的一封回信。文中司马迁以极其激愤的心情，申述了自己的不幸遭遇，抒发了内心的无限痛苦，大胆揭露了汉武帝的喜怒无常和刚愎自用，提出了“人固有一死，或重于泰山，或轻于鸿毛”这一进步的生死观，并表现出他为实现理想而坚韧不屈的战斗精神，读之有催人泪下、荡气回肠之感。

这篇文章是司马迁在自己生命遭受极端摧残之后写的。那是一个把人当作畜生的时代，司马迁为李陵说了几句话，便横遭暴行，惨受宫刑，精神上的打击异常沉重，他忍辱负重，苟且偷生，饱尝死一样的人生况味。当一个有着精神追求的人过着一种耻辱生活的时候，他还要著书立说，还要“究天人之际，通古今之变，成一家之言”，这是何等悲壮又让人震撼的行为。什么是知识分子？那些为了人类的进步，在黑暗中挣扎，不畏惧任何权势，哪怕是死亡的威胁，哪怕是精神的摧残，哪怕是人格的剥夺，都义无反顾的人，才叫知识分子。他们是人间真理和正义的化身，把独立之意志、自由之精神看作生命的本体，把传播这种意志和精神作为责无旁贷的义务。中国伟大的知识分子，像屈原、苏轼、王阳明、李贽、谭嗣同、鲁迅等等，都具有这样高尚的人格品质，他们是中华民族历经磨难却生生不息的精神代表，是真正的民族脊梁。司马迁写了自己对人生价值的探索，点明了中华仁人志士生死观的内核。这种人生观发扬了孟子“生”与“义”的精髓，并将其发展到了一个更高的境界。

司马迁还从生命历程与创作的关系上揭示了一个颠扑不破的真理，就是“愤怒出诗人”的文学创作规律。他在《史记·屈原列传》中写道：“信而见疑，忠而被谤，能无怨乎？屈平之作《离骚》，盖自怨生也……其志洁，故其称物芳。其行廉，故死而不容。自疏濯淖污泥之中，蝉蜕于浊秽，以浮游尘埃之外，不获世之滋垢，皭然泥而不滓者也。推此志也，虽与日月争光可也。”司马迁用极具感染力的语言，高度评价屈原的一生，是写屈原，也是在写自己。这正应了他在《报任安书》中的名言：“盖西伯拘而演《周易》，仲尼厄而作《春秋》，屈原放逐，乃赋《离骚》……《诗》三百篇，大抵圣贤发愤之所为作也。”他写《史记》不是为帝王树碑立传，也不是为将相歌功颂德，而是“究天人之际，通古今之变，成一家之言”，希望“藏之名山，传之其人，通邑大都，则仆偿前辱之责，虽被万戮，岂有悔哉”，这是多么伟大的人格。

《报任安书》见识深远，辞气沉雄，情怀慷慨，言论剀切，是激切感人的至情之作。其中叙事、议论、抒情，志气盘桓，交融一体。信中体现的司马迁崇高的人生信念和为《史记》献身的精神，对后人具有深刻的启示。

附录1:

加强文稿起草基础工作的八项规程

为加强基础管理工作，全面提升业务技能，锻炼严谨细致的工作作风，促进工作更加规范化、制度化、精细化和标准化，进一步提高工作质量和水平，特制定以下八项工作规程：

一、实行“AB”角工作制。除处长外，处内人员两两组对，互为“AB”角。A角为某项工作主办人员，对此项工作负主要责任，B角为协办人员，对工作负次要责任。两人在工作中互相协助、互为补充，一人离岗前，要交代好工作，另一人在其离岗期间代为行使岗位职责，确保工作无空档。遇有紧急任务或重要工作时，AB角协同处理；重要文稿AB角需互相进行校对。

二、实行重要文稿审核“三级把关制”。本条所指“重要文稿”包括工作报告、公司领导对外发表的文章、公司领导的重要讲话、公司重要发文、以总公司名义报送外部单位的文件等文稿的最终定稿。处室设立“第一读者”，负责重要文稿印发或呈送前的质量把关。“第一读者”实行轮值制，半年轮换一次。落实文稿执笔人、“第一读者”、处长对公文质量的三级把关制。执笔人打出清样后，填写“文稿签发审批表”，由“第一读者”复核并填写后，送处长审核。

三、严把文稿质量关，努力减少差错。严把文稿政治关、政策关、文字关、数据关，确保准确性、规范性和缜密性。包括但不限于：

（一）各环节按“消项作业法”对文稿需重点核对事项进行逐一核

对，确保无遗漏后，随“文稿签发审批表”流转到下一环节；

（二）单位名称、会议名称要使用全称或规范化简称，单位排序要有依据；

（三）人物职务、排序等要准确；

（四）文稿中的任何引用均需核对原始出处；

（五）事件与发生日期要匹配一致；

（六）数据引用必须保证权威性和时效性。对外公布的公司业绩数据要使用每年的决算数据；各项业务数据需与相关业务部门和单位进行核对，确保准确无误。

执笔人在起草完文稿后要认真核对，尽量不把差错留给下一个环节。AB角和“第一读者”在校核稿件时，重点查找差错和疏漏，在原稿做出标注，并在“文稿核对事项表”上相应条目注明有修改；对文稿的立意、内容、结构等有不同意见时，可与执笔人沟通，或提交处长共同讨论修改。

四、加强标准化建设，提高工作效率。按标准和规范开展工作，并不断完善新的业务标准。包括但不限于：

（一）统一文稿的字体、字号、数字等格式；

（二）统一文稿编号，每个Word文稿命名时按照“标题.年.月.日”的形式命名（例：2013年工作会议主题报告.2013.01.17）。如当天数易其稿，则按先后顺序排号（例：2013年工作会议主题报告.2013.01.17-2）；

（三）PPT使用公司发布的标准模板；

（四）对文字、数据等内容进行技术处理时（如采用专业术语、单位换算、数据取整等），需遵循规范的业务标准，遇到不清楚的问题要与相关业务部门进行沟通；

（五）定期撰写的通用公文（如通知等）完成后，要将成熟的范文保存归档。

五、加强文件资料的归档整理。凡是有上级领导批示的文件、总公司领导做出修改的文稿、被采用或刊登的文稿定稿，均需归档保存。文件归档时，正式文稿、重要底稿、领导签批意见、附件等必须齐全。经办人可复印保留一份，原件在事项处理完毕后交处长归档。每年将全年起草的重要文稿以及重要归档文件汇编整理成册。对搜集获取的业务资料、起草撰写的各类材料等，定期进行归类整理。

六、加强信息搜集和报送工作。实行信息定期报送制，处室人员将按照既有分工跟踪各业务板块的重要信息、撰写文稿中形成的重要信息以及通过参加会议等途径获取的信息，及时归纳整理信息要点和信息来源，于每月报送工作月报之时一并报送至汇总人，经处长审核后随工作月报告知处室全体人员。汇总人实行轮值制，半年轮换一次，在交接工作时，负责完成对半年内的报送信息进行归类整理。

七、建立信息定期分享机制。为定期讨论工作、交流信息，每月于当月第一周周一下午2：00召开处室例会。具体时间安排见会议安排表，因特殊情况未能召开，顺延至周二下午2：00。每季度召开一次文稿分析会，与当季度的第一次工作例会一并召开，以总结文稿写作经验、分享写作心得。

八、切实增强工作责任心，提高执行力。高度重视基础工作，增强工作责任心，严格执行本规程，养成良好的工作习惯。文稿起草的质量、差错率等将作为年度绩效考核的重要依据。

附录2：

重大文稿起草流程规范

一、重要文稿界定

1.工作会议报告。

2.党组领导的重要会议讲话和署名文章。

3.党组名义的重要汇报或上报材料。

4.其他重要材料。

二、基本要求

1.文稿内容应符合党的路线、方针、政策和国家法律、法规及党中央、国务院的指示精神，并与已有公文内容相衔接，文稿中提出的有关措施、办法等应符合实际，具备科学性和可行性。

2.文稿要观点明确，条理清楚，层次分明，文字精练，用语准确，文风简洁。

3.文稿中涉及的人名、地名、数字、引文要准确，汉字和标点符号的用法符合国家发布的标准方案，计量单位和数字用法符合国家相关规定。

4.文稿在起草、修改过程中，要严格遵守有关保密法规，遵守保密纪律，确保党和国家秘密的安全。文稿没有正式定稿前，未经领导同意，一律不得外传。

三、工作流程

1.接受任务。明确起草牵头人，组织起草人员。起草人员按照领导要求，有针对性地做好起草准备工作，搜集基础材料，必要时要围绕文稿起草开展调查研究。

2.拟定提纲。由起草牵头人主持研究详细提纲，形成提纲送部门领导审核，在此基础上送审分管领导及主要领导，经领导同意后再分工起草初稿。

3.撰写初稿。起草人员分头写作，写好初稿。文稿起草过程中，如有重要内容、结构上的调整，起草人员要及时同起草牵头人沟通，经同意后再予操作。初稿写好后，由起草牵头人统稿、修改、把关。

4.领导审核。初稿送部门领导审改，将修改后的文稿提交党组审议或党组主要领导审定，并根据党组领导的意见，对文稿进一步深入修改。要求报送有关领导、部门和单位征求意见的文稿，要认真吸收反馈的意见。

5.定稿后处理。文稿审定完成后，由起草牵头人指定专人负责校对排版，需要印发的文稿交付负责印刷部门。要求会议后下发的重要文稿，起草人员应根据会议修改整埋文稿，经领导审定后交付负责下发部门。定期整理辑印重要文稿。

（附：重要文稿起草流程图）

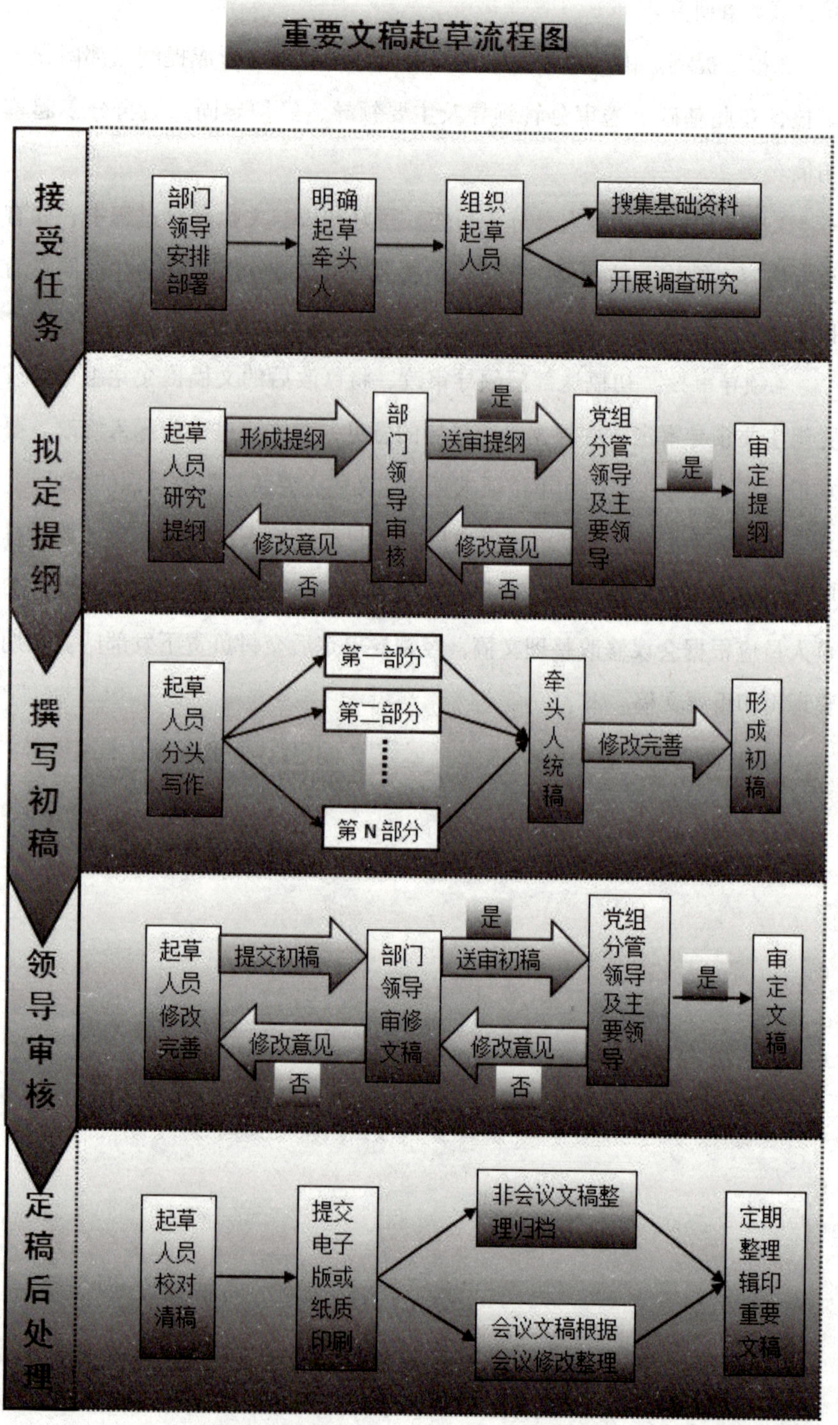
重要文稿起草流程图
接受任务
部门领导安排部署
明确起草牵头人
组织起草人员
搜集基础资料
开展调查研究
拟定提纲
起草人员研究提纲
形成提纲
部门领导审核
是
送审提纲
党组分管领导及主要领导
是
审定提纲
修改意见
否
修改意见
否
撰写初稿
起草人员分头写作
第一部分
第二部分
……
第N部分
牵头人统稿
修改完善
形成初稿
领导审核
起草人员修改完善
提交初稿
部门领导审修文稿
是
送审初稿
党组分管领导及主要领导
是
审定文稿
修改意见
否
修改意见
否
定稿后处理
起草人员校对清稿
提交电子版或纸质印刷
非会议文稿整理归档
会议文稿根据会议修改整理
定期整理辑印重要文稿

附录3：

推荐阅读

书不在多，而在于学有所得，学以致用，推荐以下几类：

1、《毛泽东选集》《邓小平文选》，不可不读，从中学习伟人的思想、视野、语言和笔力。

2、《文选》（萧统编）、《古文观止》（吴楚材编），读经典古文，增强语感，提高语言表现力。

3、《六祖坛经》（惠能）、《传习录》（王阳明），学习禅宗和心学名著，提高“明心见性”的悟性和“存心养性”的修养。

4、《韩非子》（韩非），法家代表作，从中领悟领导艺术。

5、《批评性思维》（布鲁克·摩尔等）、《金字塔原理》（芭芭拉·明托），通过有效的思维训练，改善逻辑思维能力。

6、《唐浩明点评曾国藩奏折》（唐浩明），文章与点评相得益彰，从中学习公文写作的精妙之处。

7、《金蔷薇》（帕乌斯托夫斯基），探讨艺术创作不可多得的好书，为写作者提供心灵滋养。

参考文献

著作

朱光潜. 谈写作[M]. 北京：北京教育出版社，2014.

王梦奎. 怎样写文章[M]. 北京：中国发展出版社，2010.

谢亦森. 大手笔是怎样练成的[M]. 武汉：长江文艺出版社，2013.

王一瑞. “笔杆子”碎语[M]. 北京：石油工业出版社，2014.

石油工业出版社. 中央企业公文处理实用手册[M]. 北京：石油工业出版社，2006.

文章

雄文. 出彩写作法的操作路径[J]. 写作旬刊，2015，（4）：44-48

桑文武. 谈谈写材料的“外功”[DB/OL]. 百度文库，2016-03-14

佚名. 领导讲话稿标题与结构的常见处理方法[DB/OL]. 百度文库，2013-01-17

我与我的周旋（代后记）

文/胡森林

东晋有个叫殷浩的人，与大将军桓温同朝为官，一日两人相遇，桓温挑衅地说："卿何如我？"殷浩不卑不亢地答道："我与我周旋久，宁作我！"我很欣赏这句话，因为那种自信、自知和坚持自我的精神。

宁作我，就是不羡慕别人，不苟同别人，以做自己为乐，而不是努力地做"人"（别人或者所谓"成功"的人）。只有安于"作我"，才能敢于"作我"。

努力成为一个自己想成为的人——一直以来，我的焦虑、痛苦和纠结都来自这里，我的快乐、满足和自负也来自这里。

还记得大学校园里，我远离课堂上的陈词滥调，自我放逐，寻找精神的慰藉。图书馆里的那些书，那些文字，带给过我极大的痛苦和快乐，一度读得疯狂。"未经省察的人生是不值得过的"，从那个时候起，阅读和思考成为我成长的契机，成为探寻自我的起点。

大学毕业后，我先后做过足球记者和时事评论员，目睹"假球"和"黑哨"的交易在眼前上演，也因为针砭时弊面临过恐吓和收买。在那种生活中，我过快地透支了热情，在一片不解的目光中，辞职北上求学。

攻读研究生对我而言，是一次自觉的选择，我需要系统的理论学习，提升思维的层次，我需要接触更宽广的世界，提高认知能力，我需要异质文化的互补，健全自己的文化人格。毕业时，我没有像很多人期望的那样从事学术，转身投入了"火热的生活"。

来到这家单位倏忽已七年，我经历了多个岗位和多个角色的转换，却依然与文字打交道。文字似乎是我的宿命，也是我的修行。我运用自己的眼光、心思和笔墨，在看似枯燥乏味的文字工作中，发挥自己的想象，融入自己的思想，使它变成一件创造性的劳动。我秉承专业主义精神，记下一些企业发展的片断和自己的思悟，从中找准自己的位置，贡献自身的价值。我用心做好每一件事，努力让文字工作这一普通岗位更加受人尊重，让更多的人认识到，文字不只是一种工具，文字的背后是思想和逻辑，是对工作的认识和理解，是点滴积累和厚积薄发。

不妄想什么“经国之大业，不朽之盛事”，也不以“雕虫小技，壮夫不为”而菲薄，文字成为我与这个世界相处的一种方式，成为观察事物和自我表达的一种途径。逐渐地，与这个企业的相属相处，已成为一种习惯。也有过动摇和彷徨，却最终因东坡的诗句而彻悟，“此心安处是吾乡”，找到让自己心安的支点，才是幸福的根源。

时至今日我已明白，所有的经历都是一种历练，人生如酒，饱含酸甜苦辣。所有的观察、体悟和思考，都能给你智慧的馈赠，最终都会以独特的方式作用于你。

就这样，我不停地与自己周旋，像逐渐洞悉这个世界的复杂和混乱一样，洞悉着自身的矛盾与冲突。在“野蛮生长”的过程中，完成了自我的启蒙——所谓启蒙，不就是康德说的“对一切事物勇敢地运用自己的理性”吗？

在毛姆《人生的枷锁》中，菲利普感到迷茫无助时，曾问过克朗肖人生的真谛是什么，克朗肖笑而不语，临死前送他一幅波斯地毯，告诉他除非自己去发现，否则便毫无意义。我并不想从菲利普的故事中获得“正确人生”的启示，那是成功学家和人生导师们喜欢干的事。我能明白的，无非是信仰的毁灭与重建，对美好事物出自本能热爱，对人生意义无尽追寻，对爱和自由的渴望，对独立和自我的坚持，对尊严和荣誉的珍视，对苦难的悲悯和同情。从根本上影响一个人的，永远是内向的自我，而非外向的世界，是我与我的对话，自己与自己的决斗。不管选择的是未知的理想还是现世的幸福，没有谁比谁更正确，每个人的波斯地毯都挂在自己的心中，而不是别人的嘴上。选择倾听内心的呼唤，才能拥有最饱满的人生。

回望二十世纪之初，曾有一批年轻人渴望成为“新民”，致力寻求民族的自由自强之路，他们的牺牲和奋斗，留给我们最好的答案是：从自我做起，塑造一个个健全丰满的个体。刘小枫曾经讲述过经历过“文革”一代人的“怕与爱”，对于我们这代人而言，爱在心中从未泯灭，但我们怕的是被现实压弯了腰，放弃理想，向世俗妥协。

我虽然常怀忧患，但从不忘记进取；虽经历颇多坎坷和曲折，但并未因此玩世不恭；虽然早已见识人性的复杂多变，但依然选择真诚待人。生活改变了我很多，但庆幸的是，历经岁月的磨砺，我依然保持了内心的完整，没有变得犬儒和市侩，还是会为真情而感动，从未灰心，更加热爱生活，依然葆有梦想、勇气和激情。

人如草木，如能有一两件有益之事，则不会与草木同朽。而倘若能做好自己，便是人生的成功。

（本文是作者当选公司“十大青年先锋”时为配合媒体宣传而撰写的自述稿。）